EMILIO,

OU

LES VEILLÉES DE MON PÈRE.

Oh, mon dieu, madame! ne pleurez pas comme ça! ça m'fend l'cœur!

EMILIO,

OU

LES VEILLÉES DE MON PÈRE,

Par M. DUCRAY-DUMINIL;

Contenant les mémoires d'un des personnages des *Soirées de la Chaumière*, ouvrage du même auteur.

Je fus élevé par le vertueux Palamène; je veux adopter le même plan d'éducation pour mes chers enfans.

TOME TROISIÈME.

A PARIS,

Chez BELIN, Libraire, quai des Augustins, n°. 55.

1811.

EMILIO,

ou

LES VEILLÉES DE MON PÈRE.

CINQUIÈME PARTIE.

SOMMAIRE.

Emilio entre chez l'économe d'un hospice. Singulières études qu'il fait là sur le cœur humain.

DIX-NEUVIÈME VEILLÉE.

L'INDISCRÉTION.

En quoi, mon cher Emilio, lui dit M. Desbois, en le voyant entrer chez lui, comment, mon ami, vous voilà encore ? Ne croyez pas que ce mot *encore* soit, suivant le langage des bonnes gens, un mot de reproche ; mais c'est que je suis en colère contre votre bizarre étoile, qui ne vous permet pas de vous fixer quelque part ; peut-être aussi supposé-je gratuitement que vous êtes, de nouveau, hors de place ; c'est sans doute une visite que vous me faites ? — Non vraiment, mon digne ami, vous ne vous êtes point trompé : je suis congédié, renvoyé même ignominieusement du château de Gerville, sans savoir pour quel motif, sans avoir mérité une pareille injure. — Vous m'étonnez. Ce seigneur qui paraissait vous aimer tant ! — Ce seigneur, qui paraissait m'aimer tant, est homme comme un autre, susceptible par conséquent de prêter l'oreille à quelque faux rapport, à quelque calomnie ; il faut que celle-ci soit bien forte, pour qu'il m'interdise jusqu'à la faculté de me défendre. — Ma foi, mon cher ami, ce n'est pas votre faute si vous menez une vie errante ; vous n'avez toujours affaire qu'à des originaux ou des sots : car votre comte est un sot fieffé, s'il a pu écouter vos ennemis, vous congédier surtout sans vous entendre. Emilio a très-bien fait de penser à son ami Desbois, de revenir ici, où il restera tant que cela lui fera plaisir, jusqu'à ce qu'il trouve une autre place au moins.

Emilio remercia l'obligeant ami qui lui faisait des offres si désintéressées ; puis il demanda des nouvelles de madame Desbois et de Laurent, son fils. Ma femme, répondit M. Desbois, se porte bien : elle est en ville pour quelques jours, chez un de nos amis. Quant à Laurent, il est actuellement commis dans une maison de commerce, à Paris. Oh, il est devenu un excellent sujet depuis la leçon qu'il a reçue l'année dernière. Vous lui avez donné, mon cher Emilio, d'excellens avis, qu'il a suivis et dont je vous sais un gré infini. Ah çà, nous voilà garçons tous les deux; soupons, couchons-nous; car vous devez être fatigué, et, demain, Brion doit venir dîner avec nous; nous verrons s'il vous découvrira quelqu'autre occupation. Il vous boude cependant un peu de ce que vous avez quitté son ami Dulandy; mais je ferai votre paix. — L'expérience m'a prouvé que j'avais eu le plus grand tort de quitter ce pensionnat, où j'étais regardé comme le fils de la maison, pour me fier aux promesses fastueuses et toujours fausses des grands.

Emilio soupira, et son ami chercha

à le distraire de l'injustice qu'il venait d'éprouver.

Le lendemain, M. Brion arriva, embrassa Emilio sans rancune, et au moment de se mettre à table pour dîner, on vit entrer un jeune homme, que notre Emilio reconnut soudain pour Edouard, neveu du comte de Gerville. Je sais tout, dit Edouard, en serrant son jeune ami dans ses bras ; vous êtes innocent, je n'en doute pas ; mais l'accusation est grave. — De quelle nature peut-elle être ?—C'est ma cousine, la marquise d'Arcour, c'est cette femme sans mœurs qui prétend que vous avez osé lui manquer : nouvelle Putiphar, elle accuse un nouveau Joseph, et ses cris, ses pleurs ont été si amers, ont paru si vrais, que mon oncle, d'après ses instances réitérées, vous a banni de sa présence, sans vouloir vous entendre.

Pendant que notre Emilio reste muet d'indignation, M. Desbois engage Edouard à prendre place à table, ce qu'Edouard accepte sur-le-champ; car à son âge, fatigué et mourant de faim, on ne connaît pas les façons. Cette femme est bien méchante ! s'écrie Emilio ; mais comment a-t-on pu croire que j'aurais abusé à ce point de l'hospitalité ? Je vais sur-le-champ m'expliquer... — Non, mon ami, contentez-vous d'écrire une lettre ferme et modeste à mon oncle ; je la lui remettrai, en l'assurant de votre innocence, ainsi que je l'ai fait déjà. Vous ne connaissez pas cette marquise comme moi ; elle serait capable d'attenter à vos jours, pour se venger de vos mépris. — Et pourtant, vous l'aimez, Edouard ? — Je l'aime, parce qu'elle est belle, parce que son extérieur, tous ses attraits font sur mon cœur la plus profonde impression; mais je hais son caractère, et je regrette tous les jours qu'un si beau corps ne renferme pas une plus belle ame. Si je vous racontais des traits de noirceur que j'ai appris sur son compte !—Doucement, cher Edouard, ménagez votre parente devant des étrangers, pour votre honneur d'abord, mon ami, et pour celui de votre famille. Le tour affreux qu'elle m'a joué suffit pour la faire apprécier. Je vais écrire ma lettre, et j'en adresserai en même temps à madame la marquise une autre, qu'elle n'osera montrer à personne, je vous le jure.

Emilio, trop ému pour céder à son appétit, quitta la table, et alla en effet écrire les deux lettres qu'il méditait. Il fut long-temps à leur donner un style convenable; et comme on avait fini de dîner, il fit prier Edouard de venir le joindre au jardin. Là, seul avec son ami, Emilio lui fit sentir l'indiscrétion qu'il avait commise en déshonorant ainsi sa cousine aux yeux de MM. Desbois et Brion. — Vous êtes bien indulgent, lui répondit Edouard, après la conduite odieuse qu'elle a tenue envers vous. — J'ai pour principe de ménager jusqu'à mes ennemis ; eh ! le monde a-t-il besoin de connaître leurs torts ! je souffre en silence, et sans les signaler au mépris public. Voilà ma lettre pour M. le comte de Gerville, et une autre pour madame la marquise : veuillez bien les remettre. — Ce soir même. Il n'y a que quatre lieues d'ici à Gerville ; j'ai un bon cheval de selle, j'y serai avant la nuit ; mais puisque j'ai encore quelques momens à vous donner, Emilio, obligez-moi donc de me finir l'histoire de Nelson, dont le commencement m'intéressait si vivement hier, quand on est venu nous interrompre. Je crains d'être de nouveau indiscret : vous êtes triste, vous avez sujet de l'être. — Je n'ai aucune espèce de chagrin, mon ami ; la calomnie ne peut altérer l'égalité de mon caractère. Si j'avais des torts, oh, vous me verriez véritablement affligé : mon esprit est assez calme pour me permettre de vous faire le récit que vous désirez : c'est en nous promenant que nous l'avons commencé, c'est en nous promenant de même ici que nous le finirons.

Fin de Nelson, ou les Epreuves indiscrètes.

« Un nouvel incident vient encore surprendre Nelson, assez étonné déjà de l'avis du cavalier et du billet doux que le jokei vient de lui donner. La dame, qui a cessé de chanter, se met à sa fenêtre, frappe trois coups dans sa main; et le jokei, prenant Nelson par le bras, lui dit : Venez, vous pouvez entrer. — Où, chez qui, mon ami ? — Chez ma maîtresse. — Je n'ai pas l'honneur de la connaître. — On le sait bien. Vous ferez connaissance. — Oh, oh! voilà une singulière manière de recevoir des visites! Est-elle jeune, jolie, votre maîtresse? — Charmante. — Est-elle demoiselle, veuve ? — Mariée. Elle vient de voir sortir son mari par une porte du jardin; c'est pour cela qu'elle a frappé trois coups, pour m'avertir qu'elle est seule, que vous pouvez monter. — Avant tout, mon ami, permettez-moi de lire ce billet que madame m'adresse sans me connaître. — Oh, elle vous connaît bien. —

Voilà qui est étonnant..... Lisons :

« Pour que vous puissiez rendre le
» service le plus signalé à une infor-
» tunée, laissez-vous guider par ce
» jokei ; il vous avertira du moment
» où vous pourrez m'entretenir sans
» témoins. »

» Il est arrivé, ce moment, dit le jokei ; montons, monsieur.

» Nelson, pensant que c'était une bonne fortune, et que cette aventure entrait dans ses projets d'épreuves, suivit le petit bon-homme, qui le fit entrer dans une chambre où une très-jeune et très-jolie femme parcourait un morceau de musique sur un pupitre, à côté d'une harpe. Enfin vous voilà, dit-elle en se retournant.... Mais, Dieu ! ce n'est pas monsieur. Vous n'êtes pas, vous ne pouvez pas être la personne que j'attends ! quelle méprise ! que j'en suis honteuse ! que d'excuses j'ai à vous faire !

» Nelson croit que c'est un prétexte, que la dame joue une scène d'une comédie connue, qu'elle l'a fait en un mot monter à dessein : il dit des monosyllabes, il fait des saluts ; il assure que cette méprise, bien loin de le déranger, lui est très-favorable, puisqu'elle lui procure le bonheur de voir une dame aussi aimable. — Non, monsieur, lui répond la jeune femme, vous ne pouvez concevoir mes regrets. Pour légitimer ce que ma conduite envers vous semble offrir d'inconséquent, je dois vous montrer de la franchise en vous apprenant ce qui m'arrive. Daignez vous asseoir.

» Nelson ne se fait pas répéter cette permission, tant il est convaincu que la dame lui fait un roman. Elle reprend la parole en ces termes :

» Je suis l'épouse d'un homme qui

m'aime et que je chéris au-delà de toute expression. M. de Francval, mon mari, est dans la force de l'âge, grand, bien fait, spirituel, riche; il aurait tout ce qu'il faut pour faire le bonheur d'une femme; mais, hélas! sa raison est un peu aliénée. En revenant des Grandes-Indes, il y a un an de cela, il fit naufrage, fut retiré de la mer, rendu à la vie, et la frayeur, le danger qu'il avait couru, tout altéra ses facultés intellectuelles. Depuis ce moment, il s'imagine qu'il a tué un de ses oncles, qu'il n'a jamais vu, attendu que cet oncle a toujours résidé en Angleterre, où mon mari n'a pas été. Oui, monsieur, il croit avoir égorgé de sa main ce vieillard, et quand cette folie s'empare de ses sens, il pleure, il gémit; il est dans un état affreux. L'oncle est mort en effet depuis six mois, mais naturellement, et je ne l'ai point appris à M. de Francval, dans la crainte qu'il ne me répétât plus que jamais ce qu'il me dit sans cesse : *Oui, sans doute, il est mort, c'est moi qui l'ai tué.* Une de mes amies a pensé qu'un moyen qu'elle a imaginé, pourrait rendre la raison à mon pauvre Francval : c'est de lui présenter quelqu'un qui voudrait bien jouer le rôle de cet oncle auprès de lui, l'embrasser, le serrer dans ses bras, lui persuader enfin qu'il existe. Mon amie a son mari, homme de soixante ans, que je n'ai jamais vu, mais qui consent à jouer ce rôle. Il était essentiel que je conversasse seule avec cet homme officieux, afin de le mettre au courant de la famille de mon mari, persuadée que Francval ne manquerait pas de lui faire mille questions. En conséquence, mon amie m'a fait savoir qu'aujourd'hui, à sept heures du soir, son mari se trouverait sous la croisée de mon salon de musique, qu'il y resterait tant que Francval ne serait pas sorti de mon appartement, ce que j'indiquerais en pinçant de la harpe. Voyez, monsieur ; il est sept heures, vous étiez arrêté sous ma croisée, il n'est donc pas étonnant que je vous aie pris pour la personne qu'on m'envoyait..... Mais cette personne a soixante ans, par conséquent des cheveux blancs, et vous êtes un jeune homme ; aussi me suis-je aperçue sur-le-champ de la méprise. J'en suis confondue.... Voyons néanmoins à la fenêtre, il est possible que M. Jakson y soit.

» Madame de Francval regarde sur la route, elle ne voit personne, et pendant ce temps, Nelson réfléchit sur ce qu'elle vient de lui dire : il pense toujours que c'est un conte, et se promet bien de tirer parti de cette aventure.

» La dame étant revenue à sa place, et paraissant fort inquiète, Nelson lui adressa des choses flatteuses qu'elle parut entendre avec plaisir; ce qui le confirma dans ses soupçons. Elle allait de temps en temps à la fenêtre, et le prétendu vieillard qui devait jouer le rôle d'oncle, ne paraissait pas. Il commençait à tomber une petite pluie, Nelson osa demander l'hospitalité. Bien loin de la lui refuser, on prétendit que c'était un faible dédommagement du tort dont on était coupable envers lui. La dame, désespérant de voir arriver le mari de son amie, ferma sa croisée, sonna ses gens, et demanda si monsieur était rentré; on lui dit que oui, mais que se sentant fatigué, il venait de se mettre au lit. Demain donc, ajouta madame de Francval, je lui présenterai monsieur, qui veut bien nous faire l'honneur de passer une nuit ici.

» Elle donna ses ordres en conséquence, et Nelson eut le bonheur de souper tête à tête avec elle : il sut animer si bien la conversation, qu'à la fin du repas, il fut plus que jamais convaincu que madame de Francval lui avait fait un roman, et que ce serait pour lui une conquête des plus faciles.

» Il fallait passer devant la chambre de madame pour aller à celle où Nelson devait coucher; là, il souhaita le bonsoir, promit de rester le lendemain à déjeuner, et entra chez lui.

» Nelson, tout en se déshabillant, fait des réflexions sur la coquetterie des femmes, qui lui paraissent toutes d'une facilité repoussante. Il se propose de rester plusieurs jours avec madame de Francval, dont il viendra sans doute à bout. Nelson est tout prêt à entrer dans son lit, lorsqu'un coup violent frappé à la porte cochère, fixe son attention : il ouvre sa fenêtre qui donne sur la rue, et voit un domestique de la maison qui prend une lettre des mains d'un commissionnaire, le même qui vient de frapper. La porte se referme; Nelson referme aussi sa fenêtre : il va se coucher; mais une voix qu'il entend dans le corridor frappe ses sens, il entend ces mots : *Nelson!... Seconde leçon!* Et cette voix est la même qu'il a entendue chez madame Friding. Dans le dessein d'attraper ce mystérieux donneur d'avis, Nelson ouvre sa porte; il ne voit rien. Des pas légers qu'il croit entendre au loin, le décident à parcourir le corridor, les escaliers. Il s'arrête à la porte de la chambre de madame de Francval; où deux voix qui parlent assez haut, lui persuadent qu'elle n'est pas seule. Malheureusement pour lui, cette porte n'était que poussée; elle s'ouvre, et Nelson, qui était appuyé dessus, manque de tomber dans la chambre.

Qu'on juge de l'étonnement de madame de Francval qui était avec sa femme de chambre : celle-ci se sauve, voyant un homme dans le dernier déshabillé ; et madame de Francval, s'armant d'un couteau, se jette sur Nelson, en l'accablant des noms les plus odieux, et jurant qu'elle va se venger d'un scélérat qui ose attenter à son honneur. Nelson a beau accuser le hasard, protester de la pureté de ses intentions, la dame soutient qu'il est venu pour l'insulter, ajoutant qu'elle aurait dû s'en méfier aux propos licencieux qu'il lui a tenus toute la soirée. Elle lui montre une lettre qu'elle vient de recevoir à l'instant de son amie, dans laquelle on lui apprend que l'homme à cheveux blancs, attendu sous la croisée, était mort subitement dans la journée ; ce qui l'avait empêché comme de raison de se trouver au rendez-vous. Elle se livre de nouveau à des reproches, à des menaces ; ce n'est plus une femme, c'est un lion, comme disent les bonnes gens.

» Pour ajouter à cette scène, M. de Francval paraît tout habillé ; il parle de son oncle qu'il a tué, il pleure, il gémit, il est plongé dans une véritable démence. Sa femme se jette dans ses bras, l'embrasse, le console, et ordonne à Nelson de sortir de sa maison le plutôt qu'il le pourra.

» Nelson, bien persuadé maintenant que tout ce qu'on lui a dit est vrai, mais victime, cette fois, d'une méprise, rentre dans sa chambre, où il trouve ces mots écrits sur ses propres tablettes ouvertes sur une table : *Encore une femme honnête, Nelson!... Une troisième épreuve, si tu oses la tenter, t'empêchera peut-être d'en entreprendre de nouvelles.*

» Nelson, au comble de l'étonnement, ne peut deviner quel est l'ami, ou l'ennemi si officieux, qui le suit ainsi partout dans ses voyages. Il passe le reste de la nuit à réfléchir sur les singulières aventures qui lui arrivent, et au point du jour, il se décide à partir, sans faire d'adieux, sans même chercher à se justifier, présumant que madame de Francval connaît le mystérieux donneur d'avis, et craignant de rougir à ses yeux des épreuves indiscrètes qu'il a tentées, et dans lesquelles il espérait lui faire jouer un rôle ; il sortit donc avant le lever du soleil.

» Après avoir marché pendant une grande partie de la matinée, il entra pour déjeuner dans une auberge d'assez belle apparence. Là, s'étant fait servir un poulet et du vin de Bordeaux, il commençait à satisfaire son appétit, lorsqu'il crut entendre qu'on l'appelait dans le fond de la cour de l'auberge. Il ne se trompe pas, on appelle *Nelson*; on crie : *Nelson, à mon secours !* Il quitte sa table, vole du côté où il a entendu la voix ; il examine, il cherche partout, et ne trouve personne. Il interroge les filles, les garçons de l'hôtellerie ; on lui répond qu'on n'a rien entendu, qu'on n'a vu qui que ce soit entrer dans la cour. Nelson, persuadé que c'est un effet de son imagination prévenue, rentre dans la salle de l'auberge, et voit un jeune militaire qui s'échappe furtivement, et paraît quitter la table où lui, Nelson, déjeunait. Il examine les restes de son repas : il ne se trompe point ; son poulet n'est plus qu'à moitié ; on a bu de son vin ; on s'est emparé sans façon de son déjeuner. Nelson veut rejoindre l'indiscret qui s'est permis de prendre une pareille licence ; mais il l'aperçoit, par la croisée, montant à cheval, et galopant ensuite avec la plus grande rapidité.

» Que fera Nelson ? il achevera de déjeuner, c'est le plus prudent.

» Quand il a fini, il sort de cette maison, et va, en pensant à la bizarrerie de tout ce qui lui arrive, se promener le long d'un bois touffu que borde une petite rivière ombragée par des oseraies. Là, ses sens s'engourdissent; il lui prend une envie de dormir à laquelle il ne peut résister. C'est en vain qu'il essaie de marcher; il tombe, non de lassitude, mais succombant à un sommeil que rien ne peut vaincre. Il s'endort donc, et ne se réveille qu'aux approches de la nuit, qui commence à couvrir la nature au point qu'on a déjà de la peine à distinguer les objets.

» On parle haut cependant près de lui, et il croit voir deux femmes dont l'une est jeune, svelte, et l'autre très-âgée. Non, ma tante, dit la plus jeune, d'une voix altérée par les sanglots, je ne puis souffrir davantage, et je crois que si je rencontrais là un homme honnête, dont le nom, l'état, la réputation fussent distingués, je me jetterais dans ses bras pour fuir le plus injuste des maris!.... — Ma nièce, disait la vieille avec l'accent tremblant de la décrépitude, ce projet est vraiment d'une insensée. Vous feriez un pareil coup d'éclat ? — Je le ferai, ma tante, puisque vous ne me vengez pas de mon mari. D'ailleurs...

» Ici la jeune personne aperçoit Nelson, jette un cri terrible, et se sauve à toutes jambes, en s'écriant : C'est lui ! il écoutait !...

» La tante, effrayée, s'écrie à son tour : Qu'avez-vous, miss ? qu'a-t-elle donc ? elle fuit ; elle me laisse là seule, seule à mon âge, et sachant que je ne puis marcher sans l'aide de son bras ! Ah, mon dieu ! ah, mon dieu ! à l'aide ! je suis morte !

» Nelson, en homme humain et galant, s'approche de la tante, qui recule deux pas, ne se croyant pas si près d'un étranger. Madame, lui dit-il, pardon ; madame votre nièce m'a pris pour son mari, dont il paraît qu'elle a beaucoup à se plaindre; elle a pris la fuite dans cette illusion; mais si vous daignez me le permettre, j'aurai l'honneur de la remplacer auprès de vous en vous offrant mon bras. — Cher monsieur, je l'accepte avec plaisir; mon château n'est qu'au bout de cette pelouse; nous y venons prendre le frais tous les soirs. Aujourd'hui, nous sommes entrées dans le bois, cela nous a attardées. Oserais-je demander à monsieur son nom, à qui je dois un si grand service? — Mon nom est Nelson, baronnet, et je.... — Monsieur est monsieur le baronnet Nelson? Oh, j'ai bien entendu parler de lui comme du seigneur le plus honnête, le plus galant envers les dames. Entre nous, si ma folle de nièce avait rencontré un mari aussi délicat que vous l'êtes! mais le sien, j'en dois convenir pendant qu'elle n'est pas là, le sien est un jaloux, un brutal, un homme injuste, qui a eu l'indignité d'écouter les plus odieuses calomnies qu'on lui a débitées sur le compte de sa femme : vous auriez eu plus de confiance, vous ! vous auriez attendu la plus entière conviction de ses fautes prétendues avant que de l'en croire coupable !

» Nelson sentait intérieurement qu'on lui rendait plus de justice qu'il n'en méritait ; qu'il était un peu dans le cas du mari de la jeune miss.

» Il causa néanmoins avec la vieille dame ; il la ramena, ou plutôt il la traîna (car elle était bien lourde) jusqu'à une espèce de château gothique, où la vieille lui offrit l'hospitalité, lui objectant que le mari de sa nièce était absent pour deux jours.

» Nelson brûlait de voir cette nièce, dont le son de voix n'était pas étranger à son oreille, mais dont la taille lui avait paru remplie de grâces. Miss était rentrée dans son appartement et ne voulait voir personne. Il fallut que Nelson se contentât de souper en tête à tête avec la vieille tante, qui lui sembla d'ailleurs très-respectable; puis on lui montra la chambre où il devait coucher, et il s'y retira.

» Il songeait à se mettre au lit, lorsqu'un léger bruit fixa son attention vers sa porte. Il vit qu'on passait un papier sous cette porte, qui ne se joignait pas bien au parquet. Nelson saisit ce papier, l'approcha de sa lampe de nuit, et y lut ce qui suit:

« Cachée au bois derrière un arbre, j'ai entendu tout ce que ma tante vous a dit et ce que vous lui avez répondu. Vous êtes un homme d'honneur, le baronnet Nelson; je puis donc me confier à vous. Daignez m'arracher à l'empire d'un époux que j'abhorre, et vous pourrez exiger de moi toutes les preuves d'une gratitude sans bornes..... »

» Toutes les preuves d'une gratitude sans bornes ! se dit en souriant Nelson.... Il continue. »

« Mon tyran est absent ; mais il peut revenir après-demain, demain, cette nuit peut-être. J'ai résolu de le fuir, et en me mettant sous votre honorable protection, j'ose espérer que je pourrai obtenir ma séparation, apaiser une tante que j'honore, et qui me plaint au fond de son cœur. Veuillez donc descendre à minuit dans le parc ; vous sortirez par une petite porte à gauche, la seule que vous verrez, et dont je vais vous donner une clef : je serai là avec une chaise de poste, et deux de mes gens les plus affidés. J'ose espérer que vous voudrez bien me conduire dans votre hôtel à Londres, où ma bonne tante nous y rejoindra par la suite.

» Veuillez répondre *oui* ou *non* sur ce même papier, que vous me passerez, comme je l'ai fait, sous la porte. Songez que je suis entourée d'espions de mon mari, et qu'un mot prononcé tout haut par vous ou par moi nous perdrait. »

» Nelson, sans penser qu'on peut se moquer de lui, ou l'accuser d'un rapt, si la dame a dit vrai, ne voit dans tout cela qu'une affaire de pure galanterie qui lui promet des suites très-agréables. Il écrit sur le papier : *Je suis à vos ordres ;* il le rend à la dame, qui lui fait parvenir, toujours par le même moyen, une petite clef dont il s'empare.

» Des pas qui s'éloignent l'avertissent que miss se retire.

» Nelson, en attendant l'heure du rendez-vous, se met à parcourir la pièce dans laquelle il se trouve. Le tiroir d'un chiffonnier est ouvert ; plusieurs lettres décachetées y sont éparpillées ; il est trop discret pour les lire. Cependant son nom frappe sa vue sur l'une de ces lettres. Il lit : *Ah ! que je désirerais à mon ami Nelson une femme aussi estimable que la mienne! la mienne eût résisté à toutes les séductions d'un Wilforce.*

» Il paraît que c'est ici la chambre à coucher du mari de miss, et que ce mari de miss connaît Nelson. Comment donc s'appelle-t-il ?

» Nelson parcourt les lettres et n'y trouve point de signatures ; il est probable que ce ne sont que des brouillons. Mais toutes ces lettres respirent la tendresse conjugale la plus pure.

Partout l'époux de miss fait les plus grands éloges de sa femme, et cette femme l'abandonne ! Elle l'appelle tyran, monstre, barbare ! elle se jette à la tête du premier venu ! Oh, oh ! se dit tout bas Nelson, je lui tiendrai parole, je l'enleverai d'ici ; mais ce sera pour la ramener à son mari. Pour le coup je ne me trompe pas sur l'immoralité de cette femme-ci !

» Minuit sonne, Nelson descend mystérieusement au parc, ouvre la petite porte, et trouve en effet la jeune miss qui, les traits cachés sous un grand voile, quoique la nuit ne permette point de distinguer ses traits, est déjà dans la chaise de poste, et fait signe à Nelson d'y monter. Celui-ci, fort étonné du silence de la belle, se place près d'elle, et le cocher fouette ses chevaux.

» Avez-vous désigné, belle miss, demande

demande Nelson, l'endroit où vous désirez que je vous conduise ?

» Une voix, qu'on cherche à déguiser, lui répond : A Londres. — Chez qui? — Chez vous. — Chez moi? volontiers ; mais n'en jasera-t-on pas ? — Oh que non. — Il me semblait, tantôt, divine miss, que votre voix était moins claire, moins haute qu'à présent?

» On ne lui répond pas.

» Nelson fait encore plusieurs questions : même silence ; et cependant la voiture va comme le vent..... On arrive à Londres avant le point du jour, et le cocher arrête à la porte du baronnet, comme s'il la connaissait d'avance. Pendant qu'on réveille le concierge, les domestiques, Nelson fait entrer sa conquête dans le salon, et lui demande si elle veut se mettre au lit. Elle ne répond pas plus à cette question qu'à mille autres qu'on lui a faites en chemin ; mais aussitôt que le jour paraît, la dame, à qui Nelson fait de justes reproches sur le silence obstiné qu'elle a gardé constamment, tire un papier de sa poche, et le lui présente de l'air le plus humble et le plus soumis. Sur ce papier il y a : *Nelson, voilà la dernière de tes folles épreuves ; ouvre et lis.*

» Nelson, de plus en plus étonné, l'est bien davantage encore en lisant ce qui suit :

« *Wilforce*, au lit de mort, déclare à Nelson qu'il s'est rendu coupable de la plus noire calomnie envers Emma, l'innocente Emma. Ses prétendues lettres sont d'une écriture contrefaite ; son portrait a été fait à son insu. Wilforce voulait se venger des mépris, des dédains qu'il avait éprouvés de la part de cette vertueuse personne. Elle a su l'en punir. Il doit rendre à elle l'honneur, à Nelson le repos et la plus estimable des épouses.

» James Wilforce. »

» Emma est innocente ! s'écrie Nelson transporté de joie. Qui êtes-vous donc, belle miss, vous qui m'annoncez une aussi heureuse nouvelle ? — Je suis ta femme, dit la dame en se dévoilant ; car c'était Emma elle-même. Après avoir entendu, le lendemain de notre mariage, tes exclamations, tant chez toi que dans le parc, j'ai pris des habits d'homme, que je portais autrefois pour m'exercer à l'escrime ; j'ai rejoint l'infâme Wilforce ; je l'ai forcé à se battre avec moi, et, percé à mes pieds d'un coup mortel, il m'a tracé de son sang cette preuve de sa noirceur et de mon innocence. Je t'ai suivi depuis partout et d'une manière mystérieuse : c'est moi qui ai préparé, conduit et dénoué toutes les aventures desquelles tu t'es toujours trouvé la dupe. Des amis à moi, que tu ne connais pas, ont bien voulu se prêter aux divers rôles que j'ai voulu jouer chez eux ; ils en ont pris eux-mêmes dans cette comédie, et aujourd'hui nous espérons tous que, rendu à une femme qui n'aurait jamais dû te pardonner ta confiance en de viles calomnies, tu renonceras à des épreuves aussi ridicules que celles dont tu t'es si mal tiré. Dis, Nelson, te repens-tu ?

» Nelson se jeta aux pieds de sa femme ; et ne respirant plus que pour lui faire oublier ses fautes, il devint le plus heureux des époux. »

VINGTIÈME VEILLÉE.

LA COMMISÉRATION.

Le jeune Edouard remercia Emilio de la complaisance qu'il avait eue de lui raconter la fin de son conte; puis, avant de se séparer de lui, il lui dit : Mon ami, mon cher Emilio, vous êtes victime des injustices de ma famille; serai-je assez heureux pour réparer en partie leurs torts? Écoutez-moi; vous êtes sans place; au moins vous n'en avez aucune en vue? — Aucune. — Je puis vous en procurer une, une bonne, excellente, et surtout très-stable. Il y a dans la ville prochaine, à quatre lieues d'ici, un hospice considérable, dont l'économe doit sa place à mon oncle. Cet économe, nommé M. Robert, fut autrefois l'instituteur, le gouverneur, si vous voulez, du comte de Gerville : en reconnaissance de ses soins, et en outre d'une forte pension qu'on lui fit, le comte, mon oncle, procura à M. Robert l'économat de l'hospice en question. Voilà vingt ans qu'il le gère, et il en a bien à présent soixante-dix. Il est infirme, cassé ; sa vue s'affaiblit, sa main tremble. Jusqu'à ce jour, il n'a eu près lui qu'un simple secrétaire ; mais il lui faut maintenant quelqu'un de plus instruit, un second lui-même, un sous-économe en un mot, qui le soulage dans ses fonctions, qui le remplace même en toutes choses. Ce choix dépend de lui : il a des obligations à ma famille ; je ne doute pas que, présenté par moi, qu'il a vu naître, ce bon vieillard ne vous accepte sur-le-champ, avec des égards, avec des honoraires dignes de vos talens. Voulez-vous que je vienne vous prendre ici, dans mon cabriolet, demain matin ? je vous y conduirai. — Edouard, je crains..... — Quoi donc ? — Je crains que M. votre oncle, prévenu contre moi, ne me nuise auprès de cet économe. Si j'avais son appui, sa protection...— Ne redoutez rien du comte de Gerville; ce soir, il sera détrompé, et par votre lettre, et par mon propre témoignage. Mon oncle est prompt à s'abuser; mais il revient de même, et il sera, j'en suis sûr, au désespoir de vous avoir si mal jugé. Est-il décidé, mon Emilio, que demain nous irons voir M. Robert ?

Emilio allait hésiter encore long-temps; mais MM. Desbois et Brion, qui survinrent, et auxquels on fit part de ce nouveau projet, l'approuvèrent, et engagèrent leur jeune ami à l'adopter. Emilio céda à leurs justes raisonnemens, et l'aimable Edouard partit pour revenir le lendemain.

Il arriva en effet de bonne heure chez M. Desbois. La joie brillait dans ses yeux. Mon ami, dit-il à Emilio, j'ai réussi au-delà de mes espérances : voilà deux lettres dont mon oncle m'a chargé pour vous.

Emilio lut ces lettres. L'une lui était adressée par le comte de Gerville lui-même, qui le priait d'agréer ses excuses pour la manière injuste dont il l'avait traité. Eclairé par Edouard, le comte se repentait de sa faute ; mais ne pouvant faire revenir Emilio au château, près de la méchante marquise, il lui donnait une lettre de recommandation pour l'économe Robert, son ancien précepteur et son protégé.

Cette lettre était pleine d'éloges que le comte faisait d'Emilio, en engageant M. Robert à se l'adjoindre comme sous-économe. En conséquence, Emilio embrassa M. Desbois et partit, son petit bagage sous le bras, et sans oublier le manuscrit si précieux de son père Jules-Bernard Dulongchamp.

Le voilà dans le cabriolet d'Édouard, près de cet ami si zélé qui lui avait donné déjà tant de preuves d'affection.

Mon ami, dit-il au bon Edouard, ce doit être un tableau bien triste, bien repoussant, que celui de l'intérieur d'un hospice! Je crains que l'extrême sensibilité dont le ciel m'a malheureusement doué, ne m'empêche de rester long-temps dans cet asile de la douleur. — Il est vrai, mon cher Emilio, que c'est continuellement l'affligeant tableau de l'humanité souffrante, dégradée, qui pis est, par l'ignorance, la misère, et tous les vices grossiers qu'elle enfante. Sous ce rapport, l'aspect d'une pareille maison est moins douloureuse; avec de la réflexion, on se dit : Ces hommes, forcés par la pauvreté ou par la paresse, de recourir à la commisération publique, sont nés dans la classe la moins estimable du peuple; ce sont presque tous des ivrognes, des fainéans, des gens sans aveu, et ils ne sont véritablement point à plaindre, parce qu'ils ne sentent point la bassesse de leur extraction, la position humiliante dans laquelle ils se trouvent, et parce qu'ils n'ont rien fait pour la prévoir ni s'en préserver. Ce sont des espèces de brutes, souvent encore exigeantes, impertinentes même avec ceux qui leur prodiguent les soins de l'humanité : cela n'excite aucun intérêt; on s'habitue à les voir, comme le médecin qui voit chaque jour un grand nombre de malades sans en être plus triste le soir. — Oh, mon cher Edouard, si je ne savais pas que, malgré votre esprit, malgré la bonté de votre cœur, vous devez, comme tous les gentilshommes, payer le tribut à la hauteur que donnent la noblesse, un grand nom, une grande fortune; je ne vous pardonnerais pas de juger ainsi, les malheureux indigens qui peuplent les hôpitaux. Auriez-vous reçu dans votre enfance les singulières impressions qu'on donna autrefois au fils d'un marquis, seigneur de la terre des Marres, dont mon père était le fermier ? C'est un fait assez singulier, et qu'il a consigné dans ses *Veillées*. Je ne crois pas que je pourrais vous le raconter de mémoire sans me tromper; mais j'ai là le cahier, ouvrons-le et lisons. Que cela ne nous empêche pas de continuer notre route; ralentissez seulement un peu le pas de votre cheval.... Fort bien.

LA DOUBLE LEÇON,

ou *l'Orgueil confondu*.

« LE marquis des Marres était resté veuf avec un fils de treize ans. La défunte marquise, haute, fière à l'excès, avait apporté une dot considérable à son époux, et l'avait fait enrager, tant qu'elle l'avait pu, pour son argent. Cette femme altière avait fait passer dans l'ame de son fils tous ses sentimens d'orgueil et de vanité;

et le marquis, quoiqu'en la regrettant beaucoup, voyait avec peine se développer chez Adolphe tout le caractère de sa mère, sa hauteur, sa dureté pour ses inférieurs, pour les malheureux. Le marquis était froid, réservé, un peu haut aussi ; mais il avait un cœur excellent. Désirant faire élever Adolphe sous ses yeux, afin de s'occuper aussi de son éducation, et voulant lui donner un précepteur, le marquis prit, ainsi que cela se pratique, le premier venu qui lui fut recommandé par un seigneur de ses amis. C'était un jeune abbé pimpant, musqué, au jargon mielleux, flatteur, adroit, bas et rampant, comme le sont ceux qui font cet état en mercenaires et par esprit de vénalité. On le disait plein de mœurs et de talens: le marquis le crut, adopta cet homme, le chargea d'apprendre le grec, le latin, l'histoire à son fils, et de l'accompagner dans ses promenades. Vous ne feriez pas mal, lui dit-il un jour, M. l'abbé, de mener mon fils visiter l'hôpital voisin; je voudrais qu'il prît là de certaines notions.... — J'ai l'honneur de comprendre monseigneur, répondit l'abbé; je sais ce qu'il faut dire à monsieur son fils, et j'ose le supplier de ne pas m'apprendre mon devoir. — Si vous m'entendez, mon cher abbé, j'en suis charmé; car dans le rang que mon fils est destiné à occuper, je désire que son cœur...— Sache juger les hommes et les choses... Monseigneur sera content, car nous allons partir sur-le-champ.

» L'abbé emmène Adolphe, et tous deux entrent dans l'hôpital. Adolphe soudain se serre le nez avec deux doigts, en s'écriant : Quelle odeur ! — M. le chevalier, j'ai apporté exprès du vinaigre des quatre-voleurs; respirez-en. Vous avez raison, c'est une odeur ici !... Comment voulez-vous que ce soit autrement ? Cette canaille répartie dans ces lits est si mal-propre ! Ce ne sont point des hommes comme vous et monseigneur votre père; c'est la fange, la boue, la lie du peuple ; c'est ce qu'il y a de plus vil , et cela dégrade l'humanité. En voici un dont la trogne est enluminée ; je parie que c'est un ivrogne, un sac à vin... Cet autre, pâle, étique, c'est un paresseux qui serait mort de faim dans un coin, si on ne l'eût transporté ici. Il y a des ames prétendues sensibles qui appellent ces gens des infortunés : oui, je suis de leur avis, ce sont de pauvres malheureux ivrognes , de pauvres malheureux joueurs , fainéans, menteurs, jureurs, et peut-être pis que cela. Vous devez en conclure, M. le chevalier, que, né dans la classe des nobles, vous êtes bien au-dessus de ces misérables; que vous ne devez protection et secours qu'à l'honnête artisan qui travaille pour élever sa femme, ses enfans, pour se faire soigner chez lui en cas de maladie. Voilà l'homme qui mérite que vous daigniez laisser tomber sur lui un regard de faveur; mais quant à toute cette espèce-là, elle ne doit ni toucher, ni intéresser un grand seigneur tel que vous.

» L'enfant se pavanait, et le pédant continuait ses remarques mordantes et ses faux jugemens sur les êtres souffrans qui frappaient ses regards. Adolphe et l'abbé quittèrent bien vite cette maison et rentrèrent au château; le premier, avec une dose de vanité de plus ; le second, croyant avoir bien deviné et secondé les intentions du marquis.

» Il y avait des étrangers chez le marquis, en sorte que ce dernier se retira chez lui, le soir, sans avoir pu demander à l'abbé des nouvelles de la visite à l'hôpital.

» Le lendemain matin, le marquis emmena son fils promener avec lui; ils passèrent devant ce même hôpital : A propos, Adolphe, dit le marquis, tu ne m'as pas dit ce que tu avais vu hier là-dedans ? Entrons-y. — Oh, mon père, il y règne une odeur insupportable ! — Tu te trompes, mon ami; cette maison est renommée pour la propreté, pour la salubrité; des grands, des princes même qui y viennent souvent, en font beaucoup d'éloges.

» Ils y entrent, et Adolphe se propose de ne rien répondre à son père, afin d'abréger une démarche qui l'ennuie. Je te jure, Adolphe, dit le marquis, que l'air de ces salles me paraît aussi pur que celui de l'extérieur. Ah, mon ami, quel tableau ! comme il déchire l'ame ! Ici, l'infortune, l'infortune si respectable, reçoit les secours de l'humanité, de la sainte hospitalité : l'ouvrier laborieux, couvert de sueur, est-il la victime de l'intempérie des saisons, il trouve ici abri, tendres soins et sûreté. Le vieillard, qui, courbé toute sa vie dans les champs, est tombé, par des malheurs imprévus, dans l'affreuse indigence, termine ici, au milieu des hommes, ses secourables frères, une vie que le remords n'a jamais troublée. Tous, au moins, presque tous ces hommes ont été actifs, travailleurs; tous ont gagné péniblement de trop modiques salaires qui n'ont pas même pu les conduire à la médiocrité. Oh, quelle leçon pour ces êtres vains qui, comme vous, mon fils, ne se sont donné que la peine de naître, pour posséder des titres, des richesses ! Ici, devant vous, sont les hommes tels qu'ils doivent être, tels qu'ils furent dans le but de la création, et ils ne sont ainsi malheureux que parce que nous abusons de leur activité, de leur travail, et par conséquent de leur santé; c'est-à-dire qu'ils font tout pour nous, tandis que nous ne faisons rien pour eux, ni même pour nous : voilà ce que votre précepteur a dû vous dire hier. Sortons, mon ami; car ces infortunés, si recommandables aux yeux de l'homme qui sait penser, me font une peine, une peine !... que je ne puis supporter.

» L'enfant était bien étonné de

tout ce que son père venait de lui dire ; mais il pensa qu'il avait tort de s'apitoyer ainsi , et que l'abbé seul avait raison.

» Après le dîner , le marquis dit au précepteur : Je vous prie, monsieur l'abbé, de réparer une omission bien coupable que j'ai faite ce matin : c'est de retourner avec mon fils à l'hôpital, et d'y distribuer six francs à chaque lit. Ces pauvres malades ouvraient des yeux tout grands en nous regardant , et semblaient implorer notre générosité. Le riche qui visite le pauvre , le fatigue de sa présence , a l'air d'insulter à son malheur , quand il ne lui laisse pas des marques de sa sensibilité. Nous avons sûrement affligé ces infortunés , il faut chercher à regagner leur estime. — Monseigneur sera content, répondit l'abbé ; et il partit avec Adolphe , bien contrarié de cette troisième visite dans un lieu qui lui déplaisait.

» Quelle idée a donc mon père ? dit en chemin l'enfant à son précepteur. — Comment, M. le chevalier, vous ne la devinez pas ? vous ne saisissez pas son idée ? Monseigneur pense avec raison qu'un grand doit prouver par des cadeaux la supériorité qu'il a sur les autres hommes : c'est l'astre qui dissipe les ténèbres ; c'est le soleil qui féconde la terre. Monseigneur, et vous aussi, monsieur le chevalier, vous êtes tellement élevés au-dessus de la commune humanité, que vous ne pouvez décemment la visiter sans lui faire l'aumône. — Mais six francs à chaque lit, monsieur l'abbé ! il y a dit-on, cent lits ; c'est donc six cents francs que monsieur le marquis vous a confiés pour être distribués ? — Les voilà, dans ce sac, qu'il m'a remis.

—Oh, monsieur l'abbé!.. ces gens-là ne manquent de rien dans cet hôpital; on leur donne tout ce qu'il leur faut, n'est-ce pas? — Cela est vrai, et même plus qu'il ne leur faut. Mais pourquoi cette question?... — C'est que.... au lieu de distribuer cela, qui servira bien peu à chacun de ces malheureux, si nous achetions ce joli petit cheval qu'on voulait nous vendre hier, et qui est si bien pour ma taille, vous seriez censé l'avoir acheté, vous, sur vos épargnes, et vous me le prêteriez après. Oh, que je serais content! — Non, monsieur, non, monsieur. — Pourquoi ce refus? — Si monsieur le marquis savait cela! — Qui le lui dira? A coup sûr, ce n'est pas moi, ni vous. — Ce.... joli petit cheval? — Oui, le petit cheval corse, qui n'est pas plus haut que cela. — Il vous ferait donc bien plaisir? —

Oh, je serais au comble du bonheur !
— Je vous aime, monsieur le chevalier, je vous aime, au point de manquer à mon devoir pour vous plaire. Mais si vous alliez me trahir !
— Grand dieu ! jamais, jamais. — Vous voyez ce que je fais pour vous ; j'espère qu'un jour vous en serez reconnaissant. — Toute ma vie. — Allons, eh bien.... allons acheter le petit cheval.

» L'indigne précepteur va sacrifier au caprice d'un enfant la somme destinée par l'humanité à l'indigence. On achette le cheval, dont le prix est justement de six cents livres ; et l'abbé, en l'emmenant au château, répand le bruit qu'il l'a eu de ses épargnes, ainsi qu'il en est convenu avec son petit complice.

» Deux jours se passent, pendant lesquels Adolphe fait travailler du matin au soir sa nouvelle monture, que l'abbé est censé lui prêter. Un matin, on remet au marquis un billet ainsi conçu :

« *Ce mercredi,*

» *Quelqu'un qui a eu l'honneur de voir monsieur le marquis des Marres, samedi dernier, lors de sa visite à l'hôpital, le supplie de vouloir bien y retourner, et de demander le lit numéro 30 ; il y trouvera un vieillard qui a une grâce à implorer de lui, et un secret à lui apprendre.* »

» Le marquis, fort étonné, ne dit rien à son fils ni à l'abbé; il sort à l'instant, se rend à l'hôpital, trouve en effet le vieillard qui l'a mandé, et après qu'il a causé long-temps avec lui, il revient tout pensif et s'arrête en voyant son fils caracoler sur son petit cheval dans la cour du château. Il sort encore, court chez le paysan qui a vendu ce cheval à l'abbé, prend de lui quelques informations dont il a besoin, et rentre de nouveau chez lui ; il appelle son fils, et lui dit du ton le plus sévère : Suivez-moi, monsieur. — Où, mon père ? — Vous le saurez.

» Il jette sur l'enfant un regard qui le déconsenance. Puis-je, dit Adolphe en riant, puis-je, mon père, monter sur mon petit cheval ?—Non, non ; nous allons très-près d'ici, et à pied.

» Le marquis prend la main de son fils, et le force à partir sur-le-champ avec lui. L'enfant, déjà effrayé, l'est bien davantage quand on le fait entrer dans l'hôpital ; il se doute que son père a appris quelque chose ; mais comment, et par qui ?

» Le père le fait arrêter dans une salle, à la même place où il lui a débité, le premier jour, la morale la plus pure. Quel langage, dit le marquis, vous a tenu votre précepteur, quand il vous a conduit ici ? — Quel langage ?... — Oui, que vous a-t-il dit sur ces infortunés ? — Mais, mon père, il m'a dit.... tout autre chose que vous. Il m'a appris à mépriser ces gens-là, attendu qu'ils sont des ivrognes, des vauriens, et que moi, je suis un grand seigneur. — Ce misérable abbé vous a débité beaucoup d'autres sottises ; et il y a mis si peu de prudence, si peu de ménagemens pour ces pauvres malades, que, parlant trop haut, il a été entendu de celui-ci, qui m'a tout répété. Retournez-vous, monsieur, regardez ce vieillard sur ce lit de douleur ; je vais vous apprendre, par son exemple, que ce ne sont pas des mauvais sujets qui languissent ici sous le poids des douleurs du corps et de l'esprit ; il peut s'y trouver des êtres respectables, de vos parens même. — De mes parens ! — Vous rougissez, monsieur l'orgueilleux !... Vous voyez devant vous votre bisaïeul, le grand-père de votre mère. — Ciel ! dans un hôp..... — Oui, dans un hôpital ; vous voilà bien humilié !... Sachez donc, et n'oubliez jamais que les hommes ne diffèrent entre eux que par les chances de la fortune ; ils sont tous égaux devant la nature et les lois ; celui qui meurt sur ce lit de misère, est aussi précieux aux yeux de Dieu, que le grand qui exhale son dernier soupir sous des lambris dorés. Si Dieu nous regarde tous comme des frères, aimons donc, secourons donc comme frère l'homme que la fortune ou le sort a moins bien traité que nous.

» L'enfant reste confondu ; le marquis continue : Votre mère, qui vous a inculqué son système d'orgueil et d'inhumanité, m'avait caché, en m'épousant, que son grand-père existât, et cela parce que ce grand-père était un simple marchand, un roturier, que ses enfans ne voyaient pas, par une vanité qui outrageait la nature. Le fils de ce vieillard, père de votre mère, s'était ennobli par une charge qu'il avait achetée, et une terre qui lui donnait les droits seigneuriaux. Pour devenir ma femme, attendu l'antique noblesse de mes ancêtres, votre mère me cacha qu'elle eût un aïeul ; et je l'ignorerais encore, si ce respectable vieillard, ayant entendu prononcer mon nom l'autre jour, n'eût pris enfin sur lui ce qu'il n'avait pas, dit-il, osé faire jusqu'à présent, de se dévoiler à mes regards. Oui, c'est l'aïeul de votre mère, qui, ruiné par des faillites, délaissé par ses enfans, accablé sous les infirmités d'un grand âge, est venu se réfugier dans cet asile ouvert au malheur. Baisez sa main vénérable, monsieur, et demandez-lui sa bénédiction.

» L'enfant fait un mouvement de dépit qui annonce un refus. Le marquis s'écrie : Fils indigne de moi ! vous ne la méritez pas, cette sainte bénédiction !.... Au surplus, ce bon père va être transporté chez moi, et je saurai vous forcer à vous courber à ses genoux, pour le supplier d'attirer sur vous, sur nous tous, les bontés du ciel.... J'ai encore un autre grief à vous reprocher : Je croyais qu'il avait reçu de moi six francs comme les autres. Lui, et plusieurs malades ses voisins, m'ont affirmé qu'on ne vous avait pas vu, que vous n'aviez rien distribué. De justes soupçons ont porté mes pas chez le vendeur du petit cheval. J'ai reconnu chez lui le sac à l'argent, mon sac que voici, et qui porte dans le fond la lettre initiale de mon nom. Vous voyez qu'on ne pense pas à tout ! vous ne vous doutiez pas que cette action indigne serait dévoilée ! Ainsi vous employez à une futile acquisition les secours destinés à l'indigence, au malheur ! Quel cœur bas et méchant vous portez dans votre sein ! Qu'il est bien loin de ressembler au mien !.... Je dois réparer votre faute, ou du moins c'est vous qui devez en être puni. Je vous retire, pendant une année entière, les cadeaux d'argent que je vous faisais, chaque mois, pour vos menus plaisirs, et je vous ordonne d'en faire sur-le-champ vous-même la distribution à tous ces infortunés. Au lieu de six francs, c'est douze francs que vous allez remettre à chaque lit. — Quoi, mon père !.... — Point d'opposition, monsieur, ou je vous bannis de ma présence jusqu'à ce que je vous retrouve digne de moi.

» Adolphe fut obligé d'obéir à son père; mais il le fit de si mauvaise grâce, que le marquis des Marres se promit de tout employer pour corriger ce mauvais naturel. Le bon vieillard, l'aïeul du père de la marquise, fut transporté au château, où l'on eut pour sa vieillesse et ses vertus les plus grands égards. Pour l'abbé, vous vous doutez bien qu'il fut renvoyé, après avoir reçu les plus vertes réprimandes. Le marquis fit disparaître aussi le petit cheval corse, et Adolphe, privé à la rigueur, pendant un an, de ses menus plaisirs, devint meilleur par la suite, grâce à un précepteur plus estimable qu'on lui donna, et aux leçons d'un père qui ne voulait que son bonheur. »

VINGT-UNIÈME VEILLÉE.

LA JACTANCE.

Tout en causant sur la difficulté qu'éprouvent les pères de famille de rencontrer, dans les précepteurs qu'ils donnent à leurs enfans, des hommes moraux, instruits, exempts de fausseté, de vénalité, nos deux amis arrivèrent à l'hospice de M. Robert. M. Robert n'eut pas plutôt lu la lettre du comte de Gerville, qu'il ôta ses lunettes, les remit pour examiner Emilio, et les ôta de nouveau en lui disant : Vous êtes bien jeune, mon cher, pour vous consacrer à un état aussi triste, aussi repoussant que l'est le mien, quand on veut bien le faire; mais M. le comte me fait tant d'éloges de vos talens, il s'intéresse si fortement à vous, que je dois lui donner en cette occasion une preuve de mon entier dévouement à tout ce qui peut lui être agréable. Je vous reçois dès ce moment; et quant aux honoraires, je vous offre la moitié de ceux qu'on me donne; il est bien juste que, moi qui ne puis plus rien faire, je partage avec celui qui fera tout; et il y a de la besogne ici, vous le verrez !.... Eh bien, acceptez-vous ? — Avec la plus vive reconnaissance, monsieur, et je remercie bien mon ami...... — Ah! vous êtes l'ami de cet aimable Edouard que j'ai vu naître ? Voilà un motif de plus pour mériter entièrement mon estime et mon affection.

M. Robert, vieux et infirme, était resté assis dans son large fauteuil pendant cette conversation. Il sonna et ordonna à un domestique, presqu'aussi âgé que lui, de conduire à l'instant Emilio dans toutes les salles, et de le faire reconnaître comme sous-économe : M. Robert ayant reçu des administrateurs la permission de s'en adjoindre un de son choix et quand il le voudrait. Edouard embrassa Emilio, prit congé de lui, se retira, et notre jeune ami suivit le domestique de M. Robert. Les malades ressentirent tous une joie inexprimable de voir qu'un économe jeune, vif et zélé, viendrait dorénavant les visiter, et leur faire donner ce dont ils auraient besoin. M. Robert ne pouvait plus leur rendre ce service ; et l'hospice était réellement livré à des subalternes, à des infirmiers qui n'avaient aucun soin de ces infortunés.

Emilio se mit bientôt au courant

de tout ce qu'il y avait à faire dans cette maison, au grand contentement du bon vieux Robert, qui s'attacha à lui comme à un fils, et l'ordre fut bientôt rétabli partout. Dans la salle des blessés, on ne voyait guère que des militaires ou de pauvres ouvriers; mais il y avait une autre salle qui intéressait davantage notre économe-adjoint ; c'était celle des vieillards infirmes ou moribons. Ceux qui se portaient le moins mal causaient ensemble toute la journée, et notre Emilio avait souvent entendu quelques anecdotes qui avaient piqué sa curiosité. Il se promit d'y passer plusieurs heures un matin, et de faire des questions à quelques-uns de ces vieillards, qui, sous les haillons de la misère, paraissaient avoir reçu de l'éducation. Il entra donc un jour dans leur salle, et leur tint ce discours : Messieurs, l'humanité, l'humanité, l'hospitalité vous ont tous admis dans cet asile de paix ; vous devez donc jouir tous également des bienfaits qu'on y répand sur la vieillesse inactive et souffrante. Cependant s'il est quelques faveurs qu'on y puisse accorder par préférence à plusieurs d'entre vous, ceux-là seuls les mériteront, qui pourront prouver que ce n'est ni par la paresse, ni par des vices, qu'ils sont arrivés à cet état de faiblesse et de dénûment. J'accorderai du vin vieux, du sucre, du café à ceux d'entre vous qui pourront me prouver qu'ils furent plus malheureux que mésestimables. Veuillez donc me raconter chacun l'histoire de votre vie, et surtout gardez-vous d'altérer la vérité ; car je prendrai des informations, et bien loin de donner à ceux qui m'auraient trompé, je leur retirerai un quart de leur nécessaire. Commencez, messieurs, je vous écoute.

Il s'éleva soudain un grand bruit parmi les vieillards ; tous voulaient parler à la fois ; tous voulaient entourer Emilio, et pour s'en approcher, ils se poussaient, ils se heurtaient comme une troupe d'écoliers : ce qui fit penser à Emilio que tous les hommes étaient de grands enfans, quelle que fût l'époque de leur vie.

Il fut obligé d'imposer silence, et de désigner par ordre ceux qu'il désirait entendre les uns après les autres. Nous n'ennuierons pas nos lecteurs des détails oiseux dont il fut accablé ; car la vieillesse, en général, parle beaucoup et longuement pour expliquer le fait le plus clair.

Le premier qui raconta ses aventures avait fait vingt états sans pouvoir se fixer à aucun ; mais ce n'était pas sa faute : protégé pendant un temps par le duc de ✱✱✱ , il avait rendu des services signalés au comte de ✱✱✱ , qui l'avait payé par la plus noire ingratitude. Enfin, après avoir usé sa vie à se fatiguer dans les divers sentiers qui mènent à la fortune, il s'était vu, sur ses vieux jours, forcé d'entrer... à l'hôpital.

Le second était un violon fameux, qui avait toujours mis un prix trop haut à ses talens: il lui fallait cent louis pour aller jouer chez le prince un tel ; il refusait de se faire entendre dans un concert public, à moins qu'on ne lui donnât les trois quarts de la recette. Qu'était-il arrivé? on avait fini par se passer de lui. Pendant ce temps des jeunes gens, à force de travailler, l'avaient surpassé. Oublié enfin par tout le monde, notre cupide virtuose n'avait plus eu à choisir pour dernière retraite que... l'hôpital.

Un troisième vieillard était plus à plaindre : fils d'horloger et très-bon mécanicien lui-même, il avait passé sa vie à inventer des machines de toute espèce, dont il faisait, en petit, des modèles qui le ruinaient. C'était le mouvement perpétuel, des moyens d'élever l'eau sans pompe ni piston, des pièces mécaniques, où des oiseaux chantaient dans leur cage, sur des arbres; des automates de toute espèce ; des poêles, des cheminées économiques , des monumens en liége , en filigrane, etc. , etc. Cet homme était adroit , bon ouvrier ; tout ce qu'il faisait était fort joli sans doute, mais tout cela l'avait conduit... à l'hôpital.

Emilio se promit néanmoins de l

mettre sur la liste de ses protégés.

Un autre, auteur doué de quelque esprit, mais pas assez fort pour faire un ouvrage d'éclat, avait éparpillé ce peu d'esprit-là de tous les côtés, en faisant pour toutes les dames qu'il connaissait (et tout Paris, disait-il, voulait l'avoir), des chansons, des élégies, des madrigaux, des bouquets à Chloris et autres niaiseries. Il s'était cru adoré de toutes les belles : cette fatuité l'avait suivi jusque dans l'âge mûr. Arrivé à la vieillesse sans rente, sans ressource aucune, les belles dames, ses parens eux-mêmes le dédaignèrent comme un fat, un paresseux : on lui tourna le dos, et monsieur le favori des belles fut trop heureux d'abandonner le boudoir de Vénus pour... l'hôpital.

Un cinquième réunissait toutes les sciences, tous les genres de talens, et devait ce mérite à l'excellente éducation que des parens plus zélés que fortunés lui avaient donnée. Il était à la fois poëte, musicien, géomètre, grammairien, physicien, naturaliste; il connaissait la chirurgie, la médecine; il était, en un mot, universel, et causait sur tout avec la plus grande facilité ; mais il n'avait su profiter d'aucun de ces avantages. Adonné dans sa jeunesse à la manie de jouer la comédie bourgeoise, il s'était cru justement le seul talent que la nature lui avait refusé. Après avoir essayé en vain de débuter aux Français, il s'était engagé dans ces troupes ambulantes qui courent les villes de province. Le libertinage s'en était mêlé : tantôt avec une soubrette, tantôt avec une duègne ou une ingénuité, notre homme avait passé sa vie à se faire siffler par toute l'Europe. L'âge ayant paralysé le peu de moyens qu'il avait, d'acteur il s'était fait souffleur, copiste de rôles, puis rien. Enfin, du temple de Melpomène et de Thalie, il n'avait fait qu'un saut.... à l'hôpital.

Cet homme était pourtant très-instruit et très-gai : il racontait avec beaucoup d'esprit les anecdotes les plus plaisantes. Il avait mal commencé sa carrière; c'était son seul tort, il en était puni. Emilio eut pitié de lui, et le mit sur sa liste.

Emilio entendit encore d'autres vieillards. Il y avait parmi eux beaucoup de joueurs, de dissipateurs, des gens sans conduite ou mal-adroits dans les moyens qu'ils avaient pris pour subsister ; d'autres qui, avec beaucoup d'esprit, n'avaient montré ni goût ni jugement dans les diverses actions de leur vie. Tous se vantaient, tous avaient échappé mille occasions de faire fortune; tous, en un mot, avaient eu les plus brillantes connaissances, les plus belles protections.... Que n'en avaient-ils profité !

Un seul vieillard intéressa vivement Emilio. Ses enfans, après l'avoir ruiné par des banqueroutes qu'il avait couvertes de sa fortune pour éviter le déshonneur, ses enfans ingrats l'avaient abandonné, et un hospice était devenu le dernier asile d'un homme dont la tendresse paternelle avait seule dirigé les actions ou les fautes, si l'on veut; car il y a de la faiblesse à se perdre avec les méchans.

Emilio fut touché jusqu'aux larmes de ses aventures; et après lui avoir adressé quelques reproches sur son excès de bonté, il lui raconta, ainsi qu'aux autres vieillards rassemblés, l'anecdote suivante, qu'il tira du manuscrit de son père.

JULIO,

ou *le Gondelier vénitien*.

« Deux riches seigneurs vénitiens, le comte de*** et le baron de***, étaient liés, dès leur plus tendre jeunesse, par la plus étroite amitié; mais, par un jeu très-commun de la fortune, l'un était très-riche, tandis que l'autre ne possédait rien qu'une petite terre dont la chasse et la pêche formaient l'unique revenu. Veufs tous les deux dans un âge avancé, ils avaient chacun un enfant. Le comte était père d'une fille charmante, et le baron avait un fils qui promettait de réunir tous les talens. Malgré la différence des fortunes, ces jeunes gens étaient destinés l'un à l'autre dès leur enfance. Aussi Julia, c'était le nom de la fille du comte, devint, à seize ans, l'épouse du fils du baron, qui en avait vingt. Le comte pensa, avec raison, qu'il donnait au baron une grande preuve d'amitié en unissant sa fille, avec une forte dot, à son fils qui n'avait rien. Cependant le baron, quoique pénétré de reconnaissance envers son ami, apporta quelques difficultés à la signature du contrat. Le comte y avait stipulé que, tous les biens venant de sa fille, elle aurait le droit de les reprendre, dans le cas ou d'une séparation de corps, ou de la mort prématurée de son mari. Cette clause déplaisait au baron, qui craignait qu'un caprice de la jeune femme la faisant, par la suite, se séparer de son mari, elle ne le laissât sans ressource. Il demanda et il obtint que la superbe terre de Bella-Riva, qui faisait une partie de la dot de Julia, fût laissée à son mari, en cas de séparation, ou, en cas de mort de ce mari, qu'elle appartînt à ses enfans, si Dieu lui en envoyait. Voilà donc le jeune époux qui prend le titre de marquis de Bella-Riva, et qui, dans les deux premières années de son mariage, devient père de deux enfans, fille et garçon, au grand contentement des vieux parens.

» Le comte et le baron adoraient leurs petits-enfans, et les gâtaient à la journée, ce qui contrariait beaucoup Julia, en la privant de leur prodiguer ses soins ; elle nourrissait encore avec cela une peine secrète. Cette jeune et belle marquise, qui avait fait la fortune de son mari, avait la douleur de se voir délaissée par lui : il lui donnait pour rivales les plus viles créatures; et le marquis, au lieu de se consacrer tout entier à une femme qu'il devait chérir, à la mère de ses enfans, était le plus dissipé, le plus vicieux de tous les hommes.

» Le comte et le baron moururent successivement. Le marquis, devenu alors absolument maître de ses actions, ne garda plus de mesure. Il fit, de toutes les manières, le malheur de la marquise, qui, naturellement sombre et mélancolique, tomba malade au point qu'on craignit pour ses jours. Son volage époux ne la vit point dans ces momens de danger, et quand elle fut rétablie, la pauvre Julia apprit que, loin de s'occuper de sa femme expirante, ce méchant homme avait contracté des dettes énormes, en se livrant au jeu, à toute sorte d'excès. Elle paya ces dettes, et fit à son mari des remontrances qui devinrent inutiles ; car il recommença sur nouveaux frais. Ce qui ajoutait au chagrin de la marquise, c'était de reconnaitre dans son fils et sa fille toutes les nuances du mauvais caractère de leur père : ils avaient toutes ses dispositions vicieuses, sans annoncer ni esprit, ni bon cœur, ni sensibilité. Le fils avait pourtant dix-neuf ans, et la fille dix-huit, et ces deux grands mauvais sujets se liguaient avec leur père pour tourmenter la sensible Julia. On aura peine à croire qu'une femme comme Julia, qui avait du caractère pour toute autre chose, en manquât dans sa maison au point de se laisser dominer par son mari et ses enfans. Le ciel la délivra d'un de ses persécuteurs. Le marquis prit querelle avec un joueur, un escroc de sa connaissance; ils se battirent, et le marquis fut tué. Ses enfans furent doublement affligés de sa perte ; car ils sentirent qu'ils resteraient dorénavant sous la puissance d'une mère qu'ils avaient outragée. Dès ce moment la marquise reprit toute sa fermeté, et, avant de fuir à jamais ces enfans dénaturés, elle voulut les mettre à une épreuve qui devait l'éclairer tout-à-fait sur leur caractère. Son fils et sa fille étaient, avant la mort de leur père, sur le point de se marier à des partis fort convenables, sous le rapport de la naissance. La marquise forma cette double union, et donna, suivant la clause de son contrat de mariage, la terre de Bella-Riva à ses enfans, ce qui leur fit à chacun à peu près cent mille écus de dot.

» Quand l'acte qui constatait ce don fut signé, la marquise, triste, et les yeux mouillés de larmes, annonça à son fils, à sa fille, qu'elle était forcée de les quitter. Vous savez, leur dit-elle, que votre père m'a ruinée par des dettes énormes. J'avais gardé soigneusement la terre que je viens de vous donner : c'était l'unique bien que j'eusse sauvé du naufrage ; je ne l'ai plus ; je ne possède plus rien, mais rien dans toute l'étendue du terme, que mes diamans et quelques autres bijoux, que je vais vendre pour me retirer à jamais dans un couvent.

» Silence de ses enfans.

» La marquise continue : A moins (ce qui serait pour vous un devoir bien doux à remplir), à moins, dis-je, que vous ne me receviez chez vous, que vous ne me promettiez soins, tendresse, tous les égards que l'on doit à une mère.

» Silence plus morne encore.

» La marquise poursuit, en leur lançant un regard d'indignation : Vous en coûterait-il tant pour faire partager votre aisance à une mère qui fut la bienfaitrice de votre père, et qui se trouve ruinée par lui !....

» Toujours même silence. Sa fille le rompt enfin pour dire froidement : Madame.... vous pouvez rester.

» Sans doute, interrompt le fils avec la même froideur, notre mère doit trouver chez nous un asile; mais elle s'y ennuiera beaucoup : à son âge ! Avec ma jeune épouse, votre jeune mari, ma sœur, une mère qui... qui manquerait d'indulgence, ne serait pas heureuse, en troublant le bonheur de deux ménages. — A mon âge, monsieur ! Eh, je n'ai pas encore quarante ans.... Mais je vous entends, je vous connais. Enfans ingrats, dignes de votre père, ce coup sera le dernier que vous me porterez; je n'y survivrai pas !

» En disant ces mots, la marquise, au désespoir, quitte ces êtres dénaturés, et ne voyant plus de bonheur pour elle sur la terre, puisqu'elle est outragée si cruellement par les plus chers objets de son affection, elle court tout Venise comme une folle, et se trouvant près du canal, elle forme le projet de s'y précipiter.

» La nuit approchait, déjà de brillantes illuminations faisaient distinguer les gondoles. La marquise, en versant des torrens de larmes, pense qu'il lui serait impossible de trouver la mort dans des flots si bien éclairés. Elle saute dans la première gondole qui s'offre à ses yeux, et dit au gondolier : D'où es-tu, mon ami ? — Moi, madame, d'un petit hameau qui est à une lieue d'ici, derrière la grande forêt. — Mène-moi là, mon ami, en grâce, conduis-moi là. —

Chez nous, madame? — Oui, près de toi, par-là, j'y ai affaire. Surtout ne prends personne que moi dans ta gondole, je te payerai tout ce que tu voudras.

» Le gondolier s'écrie avec l'accent de la joie : O mon Dieu, je vous remercie de cette bonne fortune ! Je n'avais presque rien gagné de la journée, et je mourais d'envie de rentrer chez nous; voilà une brave dame qui m'y reconduit. Ma pauvre mère, je vais te revoir!...

» Dans tout autre moment, l'exclamation de ce bon fils eût fait plaisir à la marquise; mais elle ne pensait qu'à l'ingratitude de ses enfans; elle en était si douloureusement affectée, qu'elle persistait toujours dans le sinistre dessein de quitter la vie.

» Le gondolier, tout en ramant, examinait la dame. A trente-neuf ans la marquise était belle, fraîche; mais des larmes coulaient de ses yeux, et le bon jeune homme souffrait de voir du chagrin à une si belle personne. Plusieurs fois il hasarda de lui dire, dans son langage simple et naïf : Madame.... madame.... oh, mon dieu, madame, ne pleurez pas comme cela, ça me fend le cœur... Si je savais.... si je pouvais consoler madame!...

» La marquise ne l'écoutait point, ne lui répondait point, et cachait son front dans ses deux mains pour pouvoir pleurer plus librement.

» Le jeune gondolier pensa que s'il chantait une chanson, cela pourrait distraire l'intéressante affligée. En conséquence il se mit à entonner gaîment les couplets suivans :

CHANSON DU GONDOLIER.

Dès le matin, le Gondolier,
En ramant, chante à plein gosier:

Buveur, amant, il est fidelle
A Bacchus ainsi qu'à sa belle.
O vous que mine le chagrin,
De gaîté voulez-vous un grain?
Entrez, entrez dans ma gondole;
Plaisir y croît, chagrin s'envole.

Chacun le sait, le Gondolier
En amour n'est pas écolier.
Toujours ramant, c'est à Cythère
Qu'il conduit sa barque légère.
Jeune tendron fait pour charmer,
Si vous ignorez l'art d'aimer,
Entrez, entrez dans ma gondole;
Plaisir y croît, chagrin s'envole.

Contre l'ennui, le Gondolier
A su se faire un bouclier:
Du matin au soir il répète
Gai refrain, vive chansonnette.
Pour chanter comme moi toujours
Bacchus, Vénus et les Amours,
Entrez, entrez dans ma gondole;
Plaisir y croît, chagrin s'envole.

Suivez l'avis du Gondolier;
Partout il est franc du collier :

Livrez vos cœurs à la folie,
Bannissez la mélancolie.
Pour goûter ma félicité,
Pour bien partager ma gaîté,
Entrez, entrez dans ma gondole;
Plaisir y croît, chagrin s'envole.

» Cette chanson ne fit qu'une légère diversion aux peines de la marquise. Elle pensait que les deux liens qui font le bonheur de tous les individus, l'hymen et la maternité, n'avaient été pour elle que des sources de chagrins et de tourmens. Ses enfans, qu'elle avait établis, dotés, ses méchans enfans surtout la plongeaient dans un véritable désespoir, et elle voulait toujours mourir.

» Le gondolier voyant qu'il n'avait pas pu parvenir à la distraire, la regarda, soupira, et se renferma dans un silence respectueux.

» La nuit était tout-à-fait sombre quand ce jeune homme l'avertit qu'il était près de sa demeure, et lui demanda où elle voulait qu'il la descendît. La marquise alors prit un parti violent ; elle écrivit sur un morceau de papier le nom supposé de *madame Leoni*, et pria le gondolier d'aller s'informer si cette dame n'avait pas une maison de campagne dans ces environs. Vous pouvez, ajouta-t-elle, attacher votre gondole à cet arbre, j'y resterai jusqu'à votre retour.

» Le gondolier, qui s'intéressait vivement à notre désolée marquise, exécuta ses ordres ; il attacha la gondole et disparut. La marquise alors remarquant qu'elle était voisine de la lisière d'une épaisse forêt dans laquelle il ne passait personne, se leva, s'écria : O mon Dieu, reçois dans ton sein une mère infortunée que ses enfans dénaturés ont repoussée du leur !

» Elle se précipite dans le fleuve...

» Mais prompt comme l'éclair, le gondolier l'en retire soudain et la remet dans sa gondole, où il cherche à exprimer l'eau qui a déjà pénétré ses vêtemens. Oh, mon dieu, madame, s'écrie-t-il, quel affreux désespoir !... que je suis heureux.... Vous me croyiez bien loin... Non, non, j'avais deviné... Un pressentiment.... Je m'étais caché là, tout prêt. Je m'étais dit : Julio, ne sois pas si bête que de t'en aller, si inhumain que d'abandonner cette belle dame à l'excès de son chagrin. — Julio ! dites-vous. —Oui, madame, Julio ; c'est votre serviteur, celui qui a eu le bonheur inexprimable de vous sauver la vie. Mais ramons vite, et gagnons notre chaumière, qui est à deux pas ; on la voit d'ici. Vous avez besoin de soins ; ma mère, ma sœur vous donneront tout ce qu'il vous faudra. En attendant, buvez, buvez un peu de ce rosolio dont j'ai toujours une petite provision pour reprendre des forces ; car il en faut, des forces, le métier est dur.

» Il présente un flacon d'osier à la marquise, qui le refuse, et qui, revenue un peu de son émotion, a fait attention à ce que vient de lui dire Julio. Vous avez une mère, mon ami? — Oui, madame, une bonne mère. — Que vous chérissez ? — Je donnerais ma vie pour elle. — Qu'elle est heureuse ! — Oh, pas du tout, madame ; vieille, infirme, et pauvre avec cela, ce n'est pas le moyen.....
— Elle est pauvre... Insensée Julia, qu'allais-je faire ! — Julia ! c'est ma sœur, madame. — C'est aussi mon

nom, mon ami; je m'appelle Julia... et j'allais quitter la vie sans y faire des heureux qui pussent garder, bénir ma mémoire! O mon Dieu, pardonne-moi! Je veux vivre maintenant pour t'adorer et adoucir, par la bienfaisance, les maux dont les méchans m'ont accablée. — Bien, bien cela, madame; oh, voilà qui est tout-à-fait bien; vivez et:... Il faut que ce soient de grands scélérats que ceux qui vous ont portée à un pareil acte de désespoir. — Mon mari pourtant, mon ami, et mes enfans. — Un mari, des enfans, affliger ainsi une si bonne dame! Oh, les monstres!... Mais nous voici devant notre chaumière, celle que vous voyez-là, sur la rive, devant ces degrés. (*Il appelle.*) Eh, Julia. Tomy? Tomy, Julia?

» On répond de l'intérieur : Mon frère, me voilà.

» Une jeune fille, leste et blanche comme une biche, paraît, tandis qu'une vieille femme reste sur la porte de la maison. Julia, car c'est la sœur du gondolier, et l'on sait qu'elle s'appelle comme la marquise, Julia, dis-je, descend les degrés dont la nacelle s'est approchée, et Julio lui présentant sa belle voyageuse, lui dit : Oh, ma sœur, aide-moi à soutenir cette intéressante dame que j'ai eu le bonheur de retirer de l'eau.

» Ils prennent chacun un bras de la marquise, et la conduisent jusqu'à une salle basse, où la bonne mère Tomy ranime soudain le foyer avec des harres, pour sécher les hardes de l'infortunée, qu'on fait asseoir près de ce feu pétillant.

» Pendant que la sœur du gondolier, Julia, que nous n'appellerons plus que Julie pour la distinguer de la marquise; pendant que cette bonne fille lui prodigue ses soins, la mère Tomy s'occupe de son fils : Te voilà tard, lui dit-elle, mon garçon ; tu dois être bien las ! Tiens, prends vite cette petite soupe grasse que je t'ai tenue chaude. — Y pensez-vous, ma mère ? Réservez pour madame ce mets simple, mais restaurant, et dont elle a plus besoin que moi. — T'as tort, mon garçon, répond tout bas la mère; t'es pâle, t'es tout défait, t'as l'air malade. Je veux que tu manges cette soupe. — Donnez-la moi, ma mère. — Tiens, la voilà. — A présent, permettez-moi de l'offrir à madame Julia. Vous n'avez rien de meilleur à lui donner pour souper ? C'est qu'elle a éprouvé une forte révolution.

» La marquise, voyant combien la mère Tomy aimait son fils, ne voulait pas accepter la soupe. A la fin elle céda aux instances du bon jeune homme, et demanda le repos du lit, dont elle avait grand besoin. On lui donna le lit de Julie, qui partagea celui de sa mère, et le lendemain matin la marquise se sentit beaucoup mieux. Elle avait réfléchi dans un moment d'insomnie, et l'idée qu'elle pouvait encore être heureuse en faisant des heureux, lui avait rendu la tranquillité et le courage de vivre; car la marquise n'était pas privée de toute sa fortune, comme elle l'avait fait accroire à ses méchans enfans, pour les éprouver. Malgré qu'elle eût payé les dettes de son mari et cédé la terre de Bella-Riva, elle avait encore deux autres terres très-productives et un bel hôtel à Venise, où elle faisait son domicile. Elle prétexta qu'elle avait vendu tout cela, et voilà ce qui excita l'ingratitude de son fils et de sa fille, qui l'auraient bien ménagée s'ils lui eussent connu ces richesses.

» La marquise, en se levant, vit venir vers son lit la bonne mère Tomy, qui en lui faisant une demi-douzaine de révérences, lui apportait de la crême dans un vase de terre; elle lui demanda.... »

Ici on vint interrompre Emilio pour lui dire que M. Robert le demandait, afin qu'il lui fît quelques comptes dont il avait besoin sur-le-champ. Emilio se vit forcé de laisser là son historiette; mais il promit à son auditoire de lui en dire la suite le plutôt qu'il le pourrait.

VINGT-DEUXIÈME VEILLÉE.

LA JALOUSIE.

Croiriez-vous, mon cher adjoint, dit M. Robert à Emilio, quand il le vit entrer chez lui, que les hommes ont ici les mêmes vices qu'ils avaient dans la société ! Oui, ces vieillards, qui ne devraient penser qu'à leur salut et à leur santé, sont méchans, haineux, vindicatifs, jaloux les uns des autres, médisans, calomniateurs; ils ont conservé tous les défauts qu'ils devaient à une conduite déréglée, à une éducation vicieuse : j'ai d'eux une longue expérience. Mais vous, vous, jeune, timide, bon, sensible, vous auriez la bonhomie de respecter ces êtres-là, parce qu'ils ont des cheveux blancs. Eh! le coupable qu'on rejette de la société, pour l'enfermer à jamais dans une prison, y voit blanchir aussi ses cheveux : en est-il pour cela plus vénérable ? La vieillesse n'a droit à nos respects, que lorsqu'après avoir payé, comme tout ce qui existe, le tribut aux passions, elle s'est corrigée de ses erreurs, et nous édifie par sa bonté, son indulgence et sa moralité. Hors de là, un vieillard, dont la tête est aussi folle que celle d'un jeune homme, dont le cœur est aussi corrompu que celui d'un libertin, est plus méprisable que ce même jeune homme qui suit la fougue de son âge ; c'est la honte de l'humanité, et si l'on ne souffre pas que la jeunesse le berne comme le fut Sancho dans sa couverture, c'est par égard pour la classe entière des vieillards, que les jeunes gens sont toujours trop portés à insulter. Je ne suis pas suspect en vous parlant ainsi, moi qui suis plus que septuagénaire ; je suis un vieillard aussi, mais ce n'est pas une raison pour me faire excuser ceux qui dégradent cette époque si précaire de la décadence de l'homme.

Emilio regardait M. Robert avec de grands yeux ; il allait lui demander ce qui pouvait motiver cet exorde d'un sermon, long, sans doute, qui devait le suivre. M. Robert continua : Voilà, et c'est tous les jours la même chose, voilà, dis-je, des lettres anonymes, pleines d'injures et de délations, surtout contre un malheureux vieillard que je protège ici depuis long-temps, parce qu'il est en butte à la jalousie de ses camarades de chambre : ils me le peignent comme un homme qui m'abhorre, qui se plaint de tout, de moi particulièrement, qui trouve la nourriture mauvaise, les soins qu'on a de lui, très-médiocres ; ils me le signalent, en un mot, comme un méchant que je devrais chasser à l'instant de l'hospice. Lisez ces lettres, Emilio, et jugez les hommes.

Emilio parcourut ces papiers, et vit qu'en effet on y dénigrait un des infortunés de l'hospice. Ce qui le fâcha le plus, ce fut de voir que la victime de cette noire trahison, était justement le vieillard abandonné par ses enfans, auquel il s'intéressait. Ce vieillard, nommé Berville, avait un caractère doux, patient; il ne voulait entrer dans aucune cabale ; il ne partageait ni les plaintes, ni les critiques, ni la mauvaise humeur, que les autres élevaient sans cesse contre leurs bienfaiteurs. Berville, au contraire, était toujours content; il trouvait tout bien, et sans cesse il manifestait sa reconnaissance pour le bon Robert qui l'accablait de soins et d'égards : voilà pourquoi ses camarades lui en voulaient et le colomniaient auprès de celui dont ils voulaient lui faire perdre l'affection.

Que cela est affreux ! s'écria M. Robert, quand Emilio eut tout lu. Qui croirait que des hommes qui, par leur âge.... Mais vous ne les connaissez pas comme moi, ces vieux fous; c'est qu'ils ont des passions comme dans leur jeunesse, et je crois qu'il y en a qui se remarieraient, si je les laissais faire. La vieillesse, en vérité....

La vieillesse, en vérité, interrompit Emilio avec un peu d'humeur, mérite, selon moi, pitié et secours jusque dans ses écarts; dans ses écarts, cela vous paraît bien fort ? je vais tâcher de le prouver. Les hommes sont hommes, et sujets par conséquent à toutes les faiblesses qui dégradent l'humanité : plus d'un sage l'a dit avant moi. Depuis l'enfance jusqu'à la caducité, ils ne font souvent que changer de masque. Le cœur, jusqu'à ce qu'il ne batte plus, nourrit les mêmes passions ; il ne manque à la fin que le pouvoir de les satisfaire : tout cela est de règle générale ; mais il est des hommes qui, nés bons, sensibles, humains et généreux, portent ce caractère-là jusque dans leur vieillesse, et c'est alors qu'il devient excellent. D'autres, corrigés par l'expérience, ont abjuré toutes les erreurs de leur vie passée ; et voilà encore des vieillards respectables. D'autres enfin ressentent encore quelques atteintes des passions qui les ont dominés ; ils regrettent les jouissances qui les ont enivrés ; ils gémissent sur les privations que l'âge leur impose; ils veulent quelquefois essayer de faire les jeunes gens, je les plains ; je les plains du fond de mon ame. Je vois dans l'homme qui s'éteint de cette manière, un reste du feu qui l'animait, qui brûlait son sang, qui lui faisait mépriser la voix de la raison, pour n'écouter que celle de la folie. Je me garde bien de me moquer de lui, de le mépriser, de le haïr; encore une fois, je le plains, et je ne déclame point contre la classe des vieillards, parce qu'il y en a un ou deux qui excitent ma pitié. Dans ce fait-ci, par exemple, pouvez-vous accuser tous les vieillards de votre hospice, parce que quelques-uns se trouvent être des méchans ? Partout où il y aura beaucoup d'hommes rassemblés,

semblés, vous y verrez des passions ; elles nous suivent jusqu'au tombeau. Permettez-moi donc, s'il vous plaît, de me sentir pénétré de respect, dès que j'aperçois des cheveux blancs : avant d'examiner si la tête qui les porte, fut, est encore bien ou mal organisée, je ne vois qu'un être vénérable qui doit être mûri par l'âge, par l'expérience ; je l'admire, je me courbe devant lui, comme devant un monument que le temps a respecté ; s'en trouve un entre mille qui ne mérite pas mon estime, je le quitte pour me lier avec un autre vieillard, et je suis sûr de n'être pas trompé deux fois dans mes affections ; j'ai même soin de cacher les remarques que j'ai pu faire ; je craindrais d'empêcher les jeunes gens d'honorer la vieillesse, parce qu'un vieillard aurait déshonoré la sienne ; je me croirais en un mot coupable du scandale qu'une telle imprudence de ma part aurait excité. Telle est mon opinion, monsieur Robert, opinion que votre âge et vos vertus confirment tous les jours dans mon cœur.

M. Robert admira les principes d'Emilio, et désira que la philosophie et la connaissance du cœur humain n'y portassent par la suite aucune atteinte, ce dont il doutait fort. Il lui remit les lettres anonymes, en l'engageant à découvrir, à punir les coupables.

Plusieurs jours se passèrent sans qu'on pût éclaircir ce mystère. A la fin il fut reconnu que l'auteur de ce manége était le prétendu protégé de tous les marquis, de tous les ducs *de trois étoiles* possibles. C'était ce méchant qui, contrefaisant plusieurs écritures, envoyait ainsi des lettres anonymes aux chefs du bon Bérville, pour lui faire perdre leur estime et leur protection. Cet homme odieux fut retiré de la chambre des bons vieillards, relégué dans un cabinet, seul, et sans avoir la liberté d'en sortir.

Quand cet acte de justice fut terminé, les vieillards remercièrent Emilio, et le prièrent de leur raconter la suite de l'histoire de la marquise de Bella-Riva, qui les avait tant intéressés ; ce qu'Emilio fit en ces termes :

Fin de Julio, ou *le Gondolier vénitien.*

« Nous avons laissé la marquise se réveillant chez la mère de Julio, et voyant cette bonne femme s'avancer vers son lit avec une jatte de crême à la main. Madame, lui dit la mère Tomy, madame veut-elle bien prendre cela ? c'est tout chaud, je viens de le traire à notre vache. — Vous êtes bien bonne, mère Tomy ; mais où est votre fils ? — Mon garçon, madame ? oh, il y a long-temps, ma foi, qu'il est parti ; est-ce que tous les jours il ne va pas sur le canal depuis le matin jusqu'au soir ! Il faut bien qu'il gagne sa vie et la nôtre. — Quoi, aujourd'hui !... il n'aurait pas pu me donner cette journée ? Je brûlais de revoir, de remercier l'homme qui m'a sauvé la vie. — Bah, madame, il nous a conté cela ; c'est bien peu de chose ce qu'il a fait pour vous. Si tous ceux qui sont tombés dans l'eau, soit volontairement, soit par accident, et qu'il a eu le bonheur d'en retirer comme vous, s'ils étaient tous là, ça ferait un monde si grand que notre chaumière ne pourrait pas le contenir. Il s'expose comme ça souvent, allez, à mon grand regret, et presque toujours pour des ingrats... Oh, mon dieu, qu'est-ce que j'ai dit là ! Je prie, je supplie en grâce madame de ne pas prendre cela pour elle. Mon garçon est le garçon du monde le plus désintéressé.

» La marquise devina que le fils l'était plus que la mère : elle sourit, et dit : Oh, croyez, bonne femme, que je sais apprécier le sens de ce que vous me dites. Au surplus, je me propose bien de reconnaître le service signalé qu'il m'a rendu. — Là, voyez ce que c'est qu'une mauvaise parole lâchée inconséquemment ! Si Julio savait que j'eusse dit une pareille sottise, il me gronderait joliment, et il aurait raison. Ne la lui dites pas, madame; promettez-moi de ne pas lui révéler ma faute. — Mais ce n'en est pas une, bonne femme. Rassurez-vous cependant, je ne lui dirai rien qui puisse vous faire de la peine. Parlons d'autre chose. Vous êtes veuve, à ce qu'il me paraît ? — Oh, mon dieu, madame, mon pauvre homme est mort que ma petite Julia n'avait pas trois ans. Elle en a seize à présent, et son frère vingt-cinq. Qu'est-ce que je dis donc; il ne les a pas encore, vingt-cinq ans; il ne les aura que dans six semaines. Il avait douze ans quand il a perdu son père, ce pauvre Julio. Il n'était pas avec nous; son parrain, homme fort à son aise, s'était chargé de l'élever. Il apprenait là tout plein de belles choses; car son parrain était maître d'école, c'est tout dire. Julio, à dix-sept ans, le secondait déjà dans son état, et nous apportait les cadeaux que lui faisait ce brave homme ; car moi et ma fille, bonne madame, nous étions sans ressources à cette époque, et un petit travail de nos mains ne suffisait pas pour nous faire exister. Dieu vint à notre secours, et prit, pour nous sauver de la misère, la voie qui m'était la plus chère, celle de mon garçon. — Comment cela ? — Ecoutez-moi.

» La bonne vieille s'asseoit près du lit de la marquise; et continue : Le parrain de mon garçon, nommé Patricio, vint à mourir qu'il avait dix-huit ans. C'était un drôle de corps que ce M. Patricio, brave homme pourtant, et surtout excellent pour mon Julio. Avant de mourir, et sentant qu'il allait expirer, il fit venir un notaire, et lui donnant une très-grosse clef qu'il se fit apporter, il dit tout bas à ce notaire.: Quand je ne serai plus, monsieur, vous tournerez le gros anneau de cette clef, il se dévissera; et dans le creux de la clef, du côté de cet anneau, vous trouverez un papier qui vous indiquera tout ce que vous aurez à faire.

» Le notaire, après sa mort, fit ce qu'il lui avait prescrit, et lut ces mots sur le papier caché dans le corps de la clef: *Levez la première dalle de pierre de mon salon, du côté et au-dessous de la seconde croisée, à gauche, vous verrez une serrure que cette clef ouvrira.* On leva la dalle de pierre, et l'on aperçut en effet une forte serrure que la clef ouvrit sans difficulté. C'était un coffre qui renfermait le testament de M. Patricio, et six sacs d'argent si énormes, qu'un seul faisait la charge d'un homme. Il y en avait un pour Julio;

les autres étaient destinés à des parens du défunt. Jugez de la joie de mon garçon ! Ma mère, me dit-il en m'apportant son sac, ma bonne mère, vous ne serez plus dans la misère ; ceci est à vous, je vous prie de l'accepter ; je travaillerai, moi.

» Je ne voulus pas, comme vous pensez bien, m'attribuer son héritage. Il fit l'impossible pour m'y forcer ; mais je lui fis entendre raison, et il fut résolu, attendu que la somme, quoique forte, ne suffisait pas pour nous nourrir sans rien faire, que nous achèterions une chaumière, une gondole ; c'est ce que nous avons fait. La chaumière, la voici ; la gondole est celle que mon garçon promène tous les jours sur le canal, et depuis sept ans il fait ce métier-là, qui ne l'enrichit pas, mais qui nous fait vivre.

» L'excellent jeune homme que votre Julio! dit la marquise.— Ah, madame, si vous le connaissiez! c'est le meilleur frère, c'est le meilleur fils... — Le meilleur fils! ah, que cet éloge me fait de plaisir.... et de peine! — C'est travailleur, sage, rangé, économe ; ça n'a aucune passion. Tous les soirs il me rapporte l'argent qu'il a gagné. Tiens, ma mère, qu'il me dit comme ça, comme c'est toi qui fait la dépense ; il est juste que tu aies la recette. Je vous dis, bonne madame, qu'il n'y a pas de cœur comme celui-là à dix lieues à la ronde.

» La marquise soupira en désirant que Julio rentrât le plutôt possible, afin d'admirer un jeune homme si parfait. Comme elle avait un peu de fièvre, elle voulut rester au lit toute la journée. Sur le soir elle se leva et descendit dans la salle commune, où elle trouva le gondolier qui n'avait pas osé, par décence, se présenter chez elle ; car Julio, avec les manières de son état, avait un fonds d'éducation et d'usage qu'il devait aux leçons de son parrain. Il se leva, salua la marquise, et lui demanda, avec le ton d'un intérêt respectueux, comment elle se portait. La marquise lui répondit en balbutiant ; car elle n'était occupée qu'à admirer les traits réguliers, la taille svelte et bien prise du beau gondolier. Elle n'attribua qu'à l'estime qu'elle avait pour ses vertus, le plaisir qu'elle éprouvait à détailler sa figure, et elle ressentit un trouble qui lui parut néanmoins singulier et nouveau pour elle.

» De son côté, Julio lui prodiguait les plus délicates attentions : Madame Julia, disait-il, est-elle bien assise sur ce siége ? Ma mère, donnez votre chaise à madame Julia (il ne la connaissait que sous ce nom); et la bonne femme de se lever, de se trémousser pour offrir les meubles les plus commodes à madame Julia.

» Celle-ci avait les larmes aux yeux, tant elle était pénétrée de l'accueil de ces bonnes gens. Julio surtout l'intéressait vivement. Il était bon fils; en fallait-il davantage pour gagner l'estime de la marquise ?

» Elle pensa toute la nuit au beau gondolier; elle le vit dans ses songes; en un mot son image ne la quittait pas. La journée qui suivit cette nuit agitée lui parut bien longue, car elle ne le revit que le soir. Sa conversation, sa douceur, sa bonté, tout charma la marquise, qui le pria de lui consacrer la journée du lendemain pour une promenade qu'elle projetait de faire avec lui dans les environs. En vain le gondolier objecta-t-il que c'était un jour de fête, par conséquent un jour de recette pour lui ; la marquise insista : Je suis riche, lui dit-elle, et si les justes rétributions de la reconnaissance doivent être agréées par un bienfaiteur, je prie le mien de me permettre de le dédommager de la perte que je lui ferai éprouver.

» La mère Tomy, qui commençait à craindre que son fils ne perdît du temps pour promener madame Julia, trouva que la dernière phrase de madame Julia était fort raisonnable ; ce qui fit rougir Julio, et l'aurait empêché de céder à la prière de la marquise, s'il n'eût eu une forte envie de se trouver seul avec elle. Il la conjura, de la manière la plus délicate, d'oublier les noms de bienfaiteur ; de rétribution, et il la remercia de l'honneur qu'elle lui ferait, le lendemain, en voulant bien se promener avec lui, honneur qu'il acceptait avec reconnaissance.

» Le gondolier et la marquise partirent après le déjeuner, et ils emmenèrent avec eux la jeune Julie, qui brûlait d'être avec la belle madame. Après avoir visité différens sites qui parurent fort beaux à la marquise, elle demanda à s'asseoir. Nos amis choisirent un tertre élevé, qui leur permît de voir tout le canal, et au loin le sommet des hauts monumens de Venise la superbe. A présent, dit la marquise à Julio qui paraissait avoir beaucoup de distractions, il est temps que je me fasse connaître de la famille généreuse qui a bien voulu m'accueillir et me garder au milieu d'elle sans me demander la moindre explication.

Je dois vous dire d'abord que je suis veuve, et libre, à trente-neuf ans, de toutes mes actions. Ensuite..... — Veuve ! interrompit Julio avec un cri de joie ; madame est veuve ! Oh, que ce mot me fait de bien ! — De..... de bien ? pourquoi, Julio ?

» Julio rougit, baisse les yeux et se tait. Le trouble de la marquise est extrême ; elle redoute d'interroger le jeune homme ; elle craint de s'interroger elle-même ; elle garde aussi le silence, et ces deux personnes n'osent plus s'adresser un seul mot. La jeune Julie est étonnée ; elle regarde son frère ; elle regarde la marquise ; elle ne peut deviner ce qui les occupe.

» Tout-à-coup la marquise qui a sondé son propre cœur, et qui a dévoilé jusqu'à ses moindres replis, se lève et s'écrie du ton d'une femme qui vient de prendre un parti: Et pourquoi pas ? On en dira ce que l'on voudra ; mais les ingrats seront punis, cruellement, justement punis !

» Que veut dire madame ? demande Julio, qui ne peut la comprendre. — O mon cher Julio, ne m'interrogez pas ; je ne puis, je ne devrais pas..... On dira que c'est une folie.... Venez, rentrons ; je m'expliquerai devant votre digne mère Tomy.

» Julio prit son bras avec respect, et tous deux marchèrent sans mot dire jusqu'à la chaumière, où ils rentrèrent très-fatigués, excepté la jeune Julie, qui, fâchée de l'humeur mélancolique de son frère et de madame Julia, aurait bien voulu se promener encore.

» La bonne mère Tomy avait mis le couvert, et préparé un dîner plus recherché qu'à l'ordinaire ; ce n'était pas pour la marquise qu'elle avait fait des façons, mais pour son fils qu'elle ne possédait pas tous les jours à dîner.

» La bonne Tomy ignorait, ainsi que son fils et sa fille, le rang et le véritable nom de la marquise ; elle lui dit au dessert : Ah ça, madame Julia, il faut que je vous fasse compliment; vous êtes plus gaie à présent que lorsque vous êtes rentrée. Oh! lorsque vous êtes rentrée, vous paraissiez triste, triste ! et mon garçon lui-même avait l'air aussi tout..... tout je ne sais comment : il est bien encore un peu silencieux; mais vous au moins vous avez déjà souri deux ou trois fois. — C'est, répondit Julia, que je pense à une chose..... Oui, je forme un projet qui me réjouit seulement d'y penser: je vais vous le dire tout bonnement. J'ai, vous le savez, bonne mère, la plus grande de toutes les obligations à votre fils : il m'a sauvé la vie. Des chagrins, que vous connaîtrez bientôt, avaient aliéné ma raison dans ce malheureux moment. J'allais périr! Il me guette, il me sauve, enfin je lui dois l'existence! Comment me permettra-t-il de m'acquitter envers lui? avec de l'argent? il me refusera. Non, je veux qu'il me doive à son tour de la reconnaissance, et pour cela, je lui réserve le sort le plus brillant, le mieux assuré, auquel certes il est bien loin de s'attendre. En un mot, je veux.... je veux le marier.

» Me marier! s'écrie Julio avec l'expression de la joie.

» Le marier! dit à son tour la mère Tomy avec le sentiment de l'effroi. — Oui, répond Julia; mais ne craignez pas, bonne Tomy, que son mariage l'éloigne de vous, de sa sœur. Celle qui l'épousera se fera un bonheur de vivre avec vous ; elle vous emmènera toutes deux dans son château, dans ses terres.

» La mère Tomy, rassurée, s'écrie à son tour avec joie : Bonté divine ! dans son château, dans ses terres ! Entends-tu, Julio, des terres, des châteaux ! Marie-toi bien vite, mon garçon, puisque ta mère et ta bonne petite sœur ne doivent jamais te quitter.

» Julio ne répond pas ; il regarde la marquise avec plaisir et inquiétude tout à la fois ; car il croit la deviner.

» Julia reprend : Mon amie a certainement une fortune considérable, plus que suffisante pour vous tous. (*La figure de Julio devient tout-à-coup sérieuse.*) Je connais une marquise, jeune et.... et bien encore, qui a fait vœu d'enrichir le jeune homme le plus vertueux que le sort lui offrirait, et de lui donner sa main.

» Les traits de Julio se décomposent tout-à-fait, il pâlit; des larmes semblent prêtes à s'échapper de ses yeux. Julia le considère avec attention.

» Comment, c'est une marquise! dit la mère Tomy; quel bonheur!

» Une marquise, ma mère! interrompt la jeune Julie; j'aurais pour belle-sœur une marquise! mon frère deviendrait marquis!

» Julia leur répond gravement: Oui, c'est une marquise; je sais sa manière de penser; je connais le vœu qu'elle a fait; je lui dirai toutes les rares et précieuses qualités de Julio, et je suis sûre que recommandé, présenté par moi à cette digne marquise.....

» Julio n'y peut plus tenir; son cœur est oppressé; il souffre et dit :

Madame !...... madame, en vérité ; je ne croyais pas avoir mérité un persifflage aussi cruel ! Est-ce bien moi, un pauvre gondolier, qu'on veut élever jusqu'à une marquise ? et puis-je croire que cela soit sérieux ? — Oh ! cela est sérieux, Julio, je vous le proteste. Depuis quand donc ne pourrait-on unir la vertu à la qualité ? Si l'une annoblit l'autre, je crois que c'est bien plutôt la première. Cela est des plus sérieux, mon cher Julio ; j'aurai le plaisir de vous présenter moi-même à mon amie. Penseriez-vous que je voulusse vous compromettre, après le service que vous m'avez rendu ?

» Julio est dans une émotion difficile à décrire.

Sa mère lui prend le bras qu'elle agite doucement, en disant : Songe donc, mon garçon, que c'est une marquise ! — Eh ! ma mère, s'écrie brusquement Julio, je n'aime pas les marquises ! une marquise, là ! c'est se moquer de moi ; et vous même, et ma sœur, vous feriez une fière mine toutes les deux auprès d'une marquise ! — Vous ne voulez point de ce parti ? lui demande madame de Bella-Riva. — Madame !.... je veux rester garçon, avec ma mère, toujours avec ma mère ; pour ce bonheur-là, voyez-vous, je refuserais une duchesse, une princesse.... et j'ai.... vraiment lieu..... de me fâcher de ce qu'on dispose comme cela de ma main, de mon cœur, de mon cœur surtout, que je ne donnerai jamais à une marquise.

» Julio a débité tout cela avec un petit air de chagrin, de dépit concentré, qui fait le plus grand plaisir à Julia. Elle lui répond : Ah ! si vous

voyiez celle que je vous propose!...
— Eût-elle tous les attraits, toutes les perfections en partage, je la refuserais. — Vous avez donc une autre inclination?... — Ce n'est pas à vous maintenant, madame, que j'en ferais la confidence.... —Mais si cette marquise était.... — Qu'elle soit tout ce qu'elle voudra!—Ecoutez-moi donc. Si cette marquise était.... moi, par exemple?... — Vous! — Moi. — Vous, marquise! — Oui, la marquise de Bella-Riva. — Quoi! cette marquise si célèbre par sa beauté, par ses malheurs? — Vous la voyez, prête à vous donner sa main pour, d'un côté, récompenser la vertu, et de l'autre, punir des enfans ingrats.

» Julio se jette à ses genoux : Oh, madame, rien n'égale mon bonheur; mais la distance des rangs.... — Il n'y a ici d'autre distance que celle des âges : je serais presque votre mère ; aussi je veux que vous ne me traitiez qu'en fils, en fils tendre, en ami sincère, et votre bonheur sera ma récompense.

» La marquise le fit comme elle l'avait dit : elle épousa son aimable gondolier, l'établit avec sa famille dans son palais à Venise, donna à son mari le titre de sa belle terre de Beve-l'Aqua, se moqua de tous les caquets que put exciter ce mariage prétendu disproportionné ; et son fils cupide, ainsi que sa méchante fille, en moururent de dépit. »

SIXIÈME PARTIE.

SOMMAIRE.

Emilio devient lecteur d'une dame de la plus haute distinction. Nouvelles études qu'il fait du cœur humain.

VINGT-TROISIÈME VEILLÉE.

LA COLÈRE.

Il y avait à peine cinq mois qu'Emilio était économe-adjoint de l'hospice, lorsqu'il eut le malheur de perdre son protecteur : M. Robert mourut en deux jours de temps, et, au chagrin de recueillir son dernier soupir, Emilio joignit celui de la perte de sa place. Les administrateurs, qui n'avaient pas eu, d'après leurs arrangemens avec le bon Robert, le pouvoir de gêner son choix, avaient vu d'un mauvais œil entrer auprès de lui Emilio qu'ils trouvaient trop jeune, qu'ils jugeaient trop étourdi pour un pareil poste. Il y avait d'ailleurs une foule de gens qui demandaient la place de M. Robert ; elle fut accordée au plus intrigant, à celui qui avait le plus sollicité ; et cet homme, qui n'avait pas besoin d'adjoint, congédia sur-le-champ notre jeune ami, qui partit au grand regret de tous les infortunés dont, malgré sa jeunesse, il s'était montré le père et l'appui.

Le chevalier Edouard, ayant appris la mort du protégé de son oncle, le comte de Gerville, présumant avec raison que ce changement pourrait nuire à son ami Emilio, était allé le voir à l'hospice au moment où celui-ci faisait sa malle pour en sortir. Vous voilà donc encore sans place, lui dit Edouard ; quelle instabilité dans votre maligne étoile ! Ecoutez, vous devriez venir voir avec moi, à Paris, le vieux d'Espardillac, parent de mon oncle, qui vous a toujours rendu justice, qui vous aime bien, qui enfin me parle sans cesse de vous. — Mon ami, ce bon vieillard peut être prévenu contre moi, d'après l'aventure de la marquise d'Arcour. — Il n'en a jamais cru un mot ; je vous assure qu'il vous recevra parfaitement. Il est très-bien en cour, il peut vous placer.... — A la cour ? Eh, qu'y ferais-je, mon cher Edouard, avec ma franchise, quelquefois un peu brusque, et la sévérité de mes principes? C'est un pays où, pour parvenir, il faut être faux, dissimulé, flatteur, rampant.... Je ne me sens pas le courage de changer à ce point mon caractère. — Qui sait, mon ami ; il y a d'honnêtes, de bonnes gens partout ; peut-être en rencontrerons-nous là comme ailleurs. Veuillez m'accompagner jusque chez le baron; j'ai ma berline, mes gens qui m'attendent. — Je désirerais avant tout aller embrasser mon ami Desbois; car il est à remarquer que chaque fois que je sors de place, et voilà plusieurs fois que cela m'arrive, c'est toujours chez lui que je descends, et toujours j'y trouve à me replacer de nouveau. — Soit. Allons chez M. Desbois ; j'ai le temps : nous y passerons la nuit, et demain à Paris. — Demain à Paris? comme vous voudrez. — J'enverrai mes chevaux, ma voiture, mes gens passer la nuit dans une auberge : car il ne faut pas être indiscret au point de gêner ce bon M. Desbois, et je reste avec mon cher Emilio jusqu'à demain matin, puis encore la journée : car vous me promettez toujours de venir avec moi chez le baron d'Espardillac? — En vérité, mon ami, cette visite me coûte beaucoup ; mais vous la désirez, vous la croyez utile à mes intérêts, je saurai vaincre ma répugnance.

Il était midi ; Emilio, après avoir fait un léger déjeuner avec le chevalier, monta en voiture près de lui, et tous deux arrivèrent avant la nuit chez le bon M. Desbois, qui, ainsi que sa femme, fut ravi de les voir. Le jeune Laurent était là aussi, qui, se rappelant les sages conseils que lui avait donnés Emilio, sauta à son cou et l'embrassa avec l'effusion de l'amitié.

Vous avez totalement changé mon fils, dit M. Desbois à Emilio ; oui, du côté de la conduite, des mœurs, je n'ai plus rien à lui reprocher ; mais je ne sais pourquoi, depuis quelque temps, son caractère s'aigrit, au point de devenir violent. M. Laurent ne peut pas supporter la moindre contrariété ; il se met dans des colères !... Le marchand chez lequel il est commis à Paris, lui a permis de venir passer huit jours auprès de nous. En voilà quatre qu'il est ici, et nous ne le reconnaissons plus tant il est emporté. Tantôt il a maltraité, battu même le pauvre petit George, qui nous sert ici de domestique, de tout, au point que cet enfant a le nez cassé, le bras presque démis ; nous avons été obligés de le mettre au lit, où il souffre beaucoup dans ce moment-ci. Vous rougissez, Laurent, vous détournez les yeux, vous êtes confus de ce que je révèle votre faute à votre ami Emilio ! Il ne vous aurait jamais soupçonné de pareilles violences !... Et cela parce que George n'exécutait pas assez vîte, au gré de votre impatience, l'ordre que vous lui donniez. Je vous assure, mon cher Emilio, qu'il devient si méchant, que, s'il l'osait, il nous frapperait, sa mère et moi.—Ah, mon père, s'écrie Laurent, pouvez-vous penser !...

Emilio l'interrompt : Mon cher Laurent, ce que j'entends est-il croyable ? Vous que j'ai connu si doux, si bon ! frapper vos gens ! menacer pour ainsi dire vos parens ! Est-ce en passant de l'enfance à la jeunesse que vous devez prendre de pareils défauts !... Si vous saviez où peut mener la colère !... J'ai là-dessus, dans les Veillées de mon père, une histoire assez singulière ; il faut que je vous la dise. La voici :

LA TOUR SAINT-JACQUES,

ou *les Illusions*.

« Dans une contrée méridionale de la France, vivait, il y a près de deux cents ans, un gentilhomme nommé Bartholin, qui était resté veuf de bonne heure avec deux fils jumeaux, en bas âge. Bartholin, quoique très-jeune encore, n'avait pas voulu se remarier, afin de consacrer tous ses soins à l'éducation de ses enfans ; et, pour être moins troublé dans cette tâche honorable, il avait choisi pour son séjour habituel un vieux château qu'il possédait à l'entrée d'un bois et éloigné de toute habitation. Bartholin avait épousé une femme très-riche dont il administrait les biens, comme tuteur de ses deux fils ; mais il possédait avec cela de son côté une fortune qui lui permettait d'avoir un nombreux domestique, et même un chapelain résidant dans son château pour lui dire l'office divin. Ainsi, quoique isolée, cette retraite offrait tout ce qu'on pouvait désirer pour les commodités de la vie.

» Bartholin, bon, doux, indulgent, mais ferme, et même sévère et dur quand on lui manquait, étudiait avec attention le caractère de ses fils à mesure qu'ils grandissaient. L'un comblait tous ses désirs ; l'autre lui causait les plus vives inquiétudes: Marcian avait le caractère le plus doux, le plus sensible, le plus soumis ; Hubert, au contraire, était haineux, jaloux, vindicatif, brusque et violent à l'excès : il frappait les domestiques ; il faisait sur leur compte de faux rapports ; il empoisonnait les chiens, les chats, tous les animaux qui semblaient plaire à son père et à son frère ; car il était jaloux de ce frère. Il est constant que Marcian étant bien plus aimable que lui, Bartholin devait lui témoigner plus de tendresse. Hubert en voulait à Marcian de cette préférence, et lui avait juré une haine qui n'attendait que les occasions de se manifester.

» Qu'on juge du chagrin de Bartholin ! Deux frères jumeaux, formés ensemble dans le même sein, nourris du même lait, le lait maternel, nourriture qui même avait causé la mort de leur mère, trop délicate pour ces soins fatigans ; ces deux frères étaient si opposés de cœur, d'ame, de sentimens et même d'intelligence ! Car Marcian apprenait tout ce qu'on voulait, tandis que Hubert restait dans une ignorance honteuse. Le bon Bartholin, après avoir cherché en vain tous les moyens d'adoucir l'âcreté du caractère de ce jeune homme, essaya les réprimandes, les menaces, les punitions; rien ne put lui réussir. Il ne savait plus quel parti prendre, lorsqu'un événement bien douloureux vint le décider.

» Quoique l'aimable Marcian payât de la plus tendre affection les mauvais traitemens de son frère, celui-ci, bien loin de revenir sur son compte, ne l'en détestait que davantage. Un matin, tous deux avaient dix-sept ans à cette époque, et Hubert, plus grand, plus fort, plus basané que son frère, paraissait avoir trois ou quatre ans de plus que lui; un matin, dis-je, que le brutal Hubert reprochait à Marcian de s'être servi de son cheval et de l'avoir trop fatigué, Marcian, impatienté, lui répondit quelque chose de plus ferme qu'à son ordinaire. Le farouche Hubert ramasse une grosse pierre (ils étaient dans la cour d'honneur du château), et la lance de toutes ses forces à la tête de son frère, qui tombe mort....

« Bartholin se promenait à deux pas ; il court pour arracher la pierre des mains d'Hubert, qui, comme l'on voit, ne se gênait pas pour se livrer devant son père à ses fureurs. Mais la fatale pierre était lancée. Le malheureux père vole à son fils Marcian ; il le presse dans ses bras, il pleure, il gémit ; il veut en vain le rappeler à la vie. Son chapelain, qui connaît la chirurgie, est appelé ; ce saint personnage déclare que le jeune homme n'existe plus ; et Bartholin, au désespoir, se retire dans son cabinet, où il passe le jour et la nuit entière à gémir, à maudire le meurtrier de son fils chéri. Ce meurtrier éprouvait aussi

aussi sa part de ces justes regrets. Cet affreux accident avait totalement changé son ame ; elle n'était plus livrée qu'à la douleur et au repentir. Persuadé que son père le repousserait de son sein s'il tentait de s'y jeter, il passa la nuit, de son côté, comme ce malheureux père, à pleurer, à s'accuser, à détester son crime.

» Le lendemain matin, la cloche funèbre de la chapelle annonça le moment où on allait rendre les derniers devoirs au pauvre Marcian. Le chapelain, et Léonard, l'intendant du château, en avaient fait les tristes apprêts sans consulter leur maître, qui était incapable de rien entendre. Il fallait que le cortége allât prendre dans l'intérieur du château le corps du défunt, qui était sur son lit de parade, traversât ensuite toutes les cours et une partie du jardin pour arriver à la chapelle, qui était à l'autre extrémité des bâtimens. Tandis que Bartholin, malgré les instances de son fidèle valet-de-chambre, qui ne l'avait pas quitté, regardait à travers les carreaux d'une croisée et en sanglotant, cette sinistre procession, dont tous les assistans versaient des larmes, tant Marcian était chéri, l'insensé Hubert descend de son appartement, et court joindre ses regrets à ceux des personnes qui vont inhumer son frère. Il arrive au moment où l'on descend sa victime dans un caveau de l'église. Il se jette dans ce caveau ; il se précipite sur la bière, en arrache une planche avec ses mains, même avec ses dents, et couvre de pleurs et de baisers le corps inanimé de son frère. Dans l'excès de son trouble, et pour commencer sans doute sa punition, Dieu lui permit de croire qu'une main du cadavre se dressait vers lui, et le repoussait avec violence comme un monstre qui avait outragé la nature. Il me repousse ! s'écrie-t-il, il me rejette au loin !...

» Personne n'a vu, comme personne n'a pu voir en effet, cette main dont il parle, cette main glacée qui s'est appuyée sur son cœur féroce. On s'empare de lui ; et malgré son délire, ses efforts pour rester, on l'entraîne loin de ce lieu funeste. On le reconduit à son appartement, mais il n'y reste pas ; il vole vers celui de son père ; il entre, il se jette à ses genoux, en criant : Grâce ! grâce !

» Bartholin, furieux, se lève, et, prenant dans son secrétaire un coffret cacheté : Misérable ! lui répond-il, infâme assassin que je ne puis plus nommer mon fils, voilà dans ce coffre l'argent, les effets, tout ce qui vous revient de votre part d'héritage d'une mère.... bien heureuse de n'avoir pas été témoin de votre crime !... Emportez cela ; fuyez, fuyez à jamais loin de mes yeux. Que ma malédiction, que je vous donne, attire sur vous la colère céleste ! et puisse à jamais l'ombre de votre malheureux frère suivre partout vos pas !...

» A ces mots, Bartholin, au désespoir, repousse les mains du suppliant Hubert, entre dans son cabinet, dont il retire la clef, et lui ordonne, à travers la porte, de sortir à l'instant et pour jamais du château.

» Oui, j'en sortirai ! s'écrie Hubert en se relevant. Je suis devenu pour tout le monde un objet d'horreur. Assassin de mon frère, maudit par mon père, exécré à bon droit de tout le monde, je sortirai, j'irai....

j'irai expier mon crime dans le fond des forêts, dans le creux des cavernes les plus sombres. Un monstre tel que moi, doit être rejeté de la société, soustrait à la lumière du jour, relégué parmi les bêtes fauves.

» Il dit, prend le coffret sous son bras, traverse les cours, s'élance dans la campagne, et disparaît.

» Il se retourne au bout d'une avenue pour regarder encore le toit paternel, dont il est exilé pour toujours. Il pense qu'il laisse là un frère dans la tombe, un père plus malheureux, puisqu'il existe pour regretter sans cesse d'avoir été père.... Il entend encore le tintement funèbre de la cloche de mort.... Hubert met devant ses yeux la main qu'il a de libre, et continue sa marche.

» Il voyage ainsi à pied pendant huit jours, prenant à peine le repos des nuits et quelque légère nourriture. Qui pourrait dire où il est, quels chemins il a pris ? Il n'en sait rien lui-même. Il a marché, tantôt à droite, tantôt à gauche, sans savoir où il allait, sans avoir de but déterminé.

» Un vieil édifice qui tombe en ruines de tous côtés frappe un matin ses yeux. Cela ressemble à une antique abbaye inhabitée depuis longtemps, et qui sert maintenant de refuge aux chouettes, aux hiboux, aux oiseaux nocturnes. La position de ce monument gothique, au milieu d'une vaste forêt, ajoute encore à l'horreur qu'il inspire, et du milieu de ses décombres, s'élève une haute tour carrée, la seule partie de ces immenses bâtimens qui se soit bien conservée.

» Hubert voit à deux pas de lui un vieux bûcheron qui ramasse du bois.

Mon ami, lui demande-t-il, pourriez-vous me dire ce que c'est que cet antique édifice, cette tour carrée? — Cette tour, mon bon monsieur? elle s'appelle la tour St.-Jacques; et elle est solide, elle, plus que toutes ces ruines que vous voyez là. Ç'a été bâti il y a plus de six cents ans; c'était une abbaye qui a été dévastée par des guerres, des.... Je ne sais pas tout ce qu'on m'a dit là-dessus; tant il y a qu'il y a plus de deux siècles que c'est abandonné. — Mais cela ne peut-il pas servir de repaire à des voleurs, à des brigands de toute espèce? C'est si isolé et ouvert à tout venant. — Oh que non, mon bon monsieur; on y met bon ordre. Il y a des gardes armés qui visitent très-souvent ces bâtimens, et aussitôt qu'on y trouve quelqu'un de caché ou de logé (car il y a eu long-temps un faux hermite qui y faisait son domicile), on vous arrête tout cela. Oh, la tour Saint-Jacques est sûre comme votre propre maison.

»Hubert n'en avait plus de maison; il soupira, quitta le bûcheron, et pensa que, d'après son projet de retraite, il pourrait fort bien s'établir dans la tour Saint-Jacques. Mais on y fait des recherches ! on l'arrêtera peut-être en soupçonnant sa probité ! Hubert, pour éviter ces visites, se propose de demander à l'évêque de la province son agrément pour établir dans cette tour un hermitage. Il adopte ce plan, et court soudain à la ville voisine, où il sait que l'évêque réside.

»Il demande à lui parler; on le refuse d'abord : il supplie qu'on l'introduise auprès de M. l'évêque, ayant, dit-il, un cas de conscience à lui soumettre. Il pénètre enfin dans le cabinet de ce respectable prélat, qui était à genoux devant un prie-dieu. Monseigneur, lui dit Hubert, je suis Hubert Bartholin, fils du seigneur Bartholin, dont la famille et la noblesse sont des plus anciennes du royaume.

» L'évêque pâlit, fronce le sourcil, et se contente de répondre : Après ? — J'ose vous prier, monseigneur, de vouloir bien m'entendre au tribunal de la pénitence. — Jeune homme !... qu'avez-vous fait ? — Je vous le dirai, monseigneur ; je ne vous cacherai rien, mais..... au tribunal de la pénitence. — Mettez-vous sur ce prie-dieu. Je puis, je dois vous entendre à l'instant même.

» Hubert fait à l'évêque, et sous le sceau de la confession, un aveu sincère de ses fautes, et surtout du dernier crime qu'il a commis. Il finit par le supplier de lui donner une permission par écrit, pour pleurer à jamais ce crime affreux dans le triste séjour de la tour Saint-Jacques.

» L'évêque réfléchit un moment; il tourne la tête comme s'il allait refuser cette grâce. Enfin il lui dit : Etes-vous repentant, sincèrement repentant, mon fils ? — O mon père ! mes yeux sont dessillés, mon ame est changée, je ne suis plus le même. Je ne vois que mon crime; je ne pense qu'à fléchir un Dieu vengeur qui doit m'en punir un jour ! — Vous voulez renoncer au monde? Prenez bien garde; vous êtes bien jeune ! — Je ne vivrai pas encore assez long-temps pour faire pénitence ! — Vous le voulez ?..... Voilà votre permission.

» Il écrit et lui donne le papier. Ceci, dit-il, vous autorise à passer votre vie entière dans la tour Saint-Jacques. Il vous suffira de le montrer aux gardes, qui de temps en temps y feront toujours leur ronde, pour votre sûreté comme pour celle de la forêt qui environne ces vastes décombres. Ils vous laisseront tranquille, et sortiront après avoir fait leur visite. Allez, jeune homme, et songez que si vous quittez un jour cet asile de la pénitence sans ma permission, je vous retire ma protection, mes prières, et les indulgences plénières que je vais prier le Seigneur de répandre sur votre tête coupable.

» Hubert, un peu consolé d'avoir obtenu ce qu'il désirait, se retira après avoir remercié monseigneur; puis il fit dans la ville quelques acquisitions d'objets utiles pour se former une petite cellule, et fit porter tout cela jusqu'au pied de la tour Saint-Jacques, se réservant de l'examiner le lendemain, et d'y choisir le

coin le plus commode pour se loger.
Il passa la nuit, sans pouvoir dormir, dans une grande salle basse à jour de tous côtés, et qui paraissait avoir été le réfectoire ou la salle d'assemblée des anciens religieux. Au lever du soleil, Hubert commença sa visite par cette salle. Les murs en étaient recouverts de panneaux de vieux chêne vermoulu, qui tombaient en poussière au moindre attouchement. Plusieurs lambeaux de toile peinte annonçaient qu'il y avait eu là autrefois des tableaux que le temps avait pourris. Un grand Christ, au fond de cette salle, était le seul sur lequel on pût distinguer quelque chose. Hubert s'agenouilla devant cette image du Sauveur du monde, et sortit ensuite de ce lieu pour continuer sa visite.

Un vaste cloître frappa d'abord ses yeux; mais il n'y avait plus nulle part ni portes, ni fenêtres ; les toits étaient tombés en partie, et un seul escalier assez bien conservé, quoique plusieurs marches en fussent rompues, permettait de monter aux étages supérieurs dans lesquels il était dangereux d'entrer; car les planchers n'en étaient pas solides. Au bout de ce cloître, on voyait les vestiges de la vaste église qui avait été élevée autrefois ; ce n'était plus que des ruines ou de grands pans de murailles, dont les fenêtres en ogives avaient encore quelques vitres plombées et de diverses couleurs. Le milieu de tout cela était un jardin plein de ronces, d'épines, de vieux arbres couronnés, de mille plantes parasites.

» Enfin, au bout des ruines de l'église, s'élevait la tour Saint-Jacques, tour carrée et d'une haute élévation. A chacun des angles de la tour était une tourelle, régnant du haut en bas, et renfermant un petit escalier ; ce qui en donnait quatre à ce monument. C'était plus qu'il n'en fallait pour le desservir ; car il n'était composé que de quatre étages, d'une vaste pièce chaque, voutée comme une cave, et son sommet offrait une plate-forme d'où la vue s'étendait très-loin. Une seule petite croisée, large de deux pieds, haute de douze, éclairait chaque pièce, et il y avait partout des portes d'une épaisseur énorme, mais privées de leurs serrures, qu'on avait volées. Au bas de la tour on voyait, appuyé sur elle, un petit bâtiment composé d'une seule salle par bas, qui paraissait avoir été le logement du gardien de ce monument ; car il y avait une cheminée, et l'une des portes de la tour y donnait. Une seconde porte d'entrée était de l'autre côté, mais presqu'entièrement cachée par les pierres de l'église qui s'étaient amoncelées là.

» Hubert résolut de prendre ce petit bâtiment pour son domicile, et de faire mettre des serrures à toutes les portes de la tour, afin que personne ne pût s'y introduire. En conséquence il manda un serrurier de la ville prochaine, et cet homme posa partout des serrures assez fortes, ainsi que leurs clefs, pour qu'il fût impossible de les briser. Son hermitage étant ainsi clos, Hubert se revêtit d'une grande robe de bure noire ; il mit une barbe postiche pour inspirer plus de respect, et couvrit sa tête d'un capuchon pointu qui lui laissait à peine voir le nez, et qui, par-derrière, lui descendait sur les épaules. Il ajouta à cela une ceinture et un long cordon de cuir, au bout duquel étaient suspendues ses clefs et un gros crucifix de fonte qu'il avait trouvé dans les décombres de l'église. Frère Saint-Hubert est le nom qu'il prit, et il se voua sur-le-champ aux règles de Saint-Ignace de Loyola.

» Il fut quelque temps on ne peut pas plus tranquille dans son hermitage. Voici la vie qu'il y menait : Le matin, il ouvrait la porte de son petit bâtiment, allait se mettre en prières sur les ruines de l'église, où il demandait sans cesse à Dieu le pardon de son crime. Il revenait ensuite, ouvrait la porte de la tour qui était de son côté, montait jusqu'au sommet, admirait les merveilles de la nature; puis il descendait, attendait sur le seuil de sa porte qu'on vînt lui demander l'aumône ou des secours de religion; ce qui arrivait souvent : car le bruit de l'installation, dans la tour Saint-Jacques, d'un saint hermite protégé par M. l'évêque, avait fait du bruit dans les environs ; les pauvres, les boiteux, les infortunés des deux sexes venaient implorer de lui des consolations qu'il ne refusait à personne. Quand il avait passé la journée à remplir des devoirs pieux, il se couchait sur la dure : car une seule planche recouverte d'une natte de paille formait son lit ; puis il recommençait la même conduite le lendemain. Pour sa nourriture, elle était extrêmement frugale ; il allait la chercher une fois par semaine, et la rapportait dans sa besace, voulant manger un pain dur et quelques légumes jusqu'à ce qu'il eût expié son crime. Souvent il pensait à son frère Marcian, et il aurait bien souhaité d'être à sa place, s'il n'eût pas été utile aux malheureux. On sait qu'il possédait une cassette pleine d'or et de pierres précieuses ; il y avait de quoi vivre dans une honnête aisance jusqu'à cent ans : mais Hubert ne touchait à ce trésor que pour acheter les premiers besoins de la vie, et se procurer des petites pièces de monnaie pour faire l'aumône.

» Il était depuis un an dans cet asile de la pénitence ; il y avait passé un hiver des plus durs, pendant lequel il ne s'était un peu chauffé qu'avec les branchages des vieux arbres pourris de la grande cour. Le printemps renaissait, les plantes végétaient, les oiseaux chantaient en chœur le retour de la fécondité de la nature, lorsqu'une nuit, qu'il commençait à s'endormir, il fut réveillé en sursaut par le bruit extraordinaire d'une grosse cloche qu'on agitait dans la tour : il semblait qu'on sonnât la cloche funèbre des morts, tant son tintement était lent et lugubre. Hubert savait bien qu'il n'y avait point de cloche dans la tour, qu'il fermait soigneusement, et dont il avait les clefs. Privé de lumière, Hubert tâte ses poches, et y sent les deux fortes clefs, l'une de la porte de son côté, l'autre de celle des ruines, qu'il avait fait arranger aussi. D'où peut provenir un bruit si singulier ? Personne n'a pu s'introduire dans la tour Saint-Jacques. Depuis Hubert, elle a été visitée quatre fois par les gardes du gouverneur de la province, qui, au vu du permis de M. l'évêque, ont même demandé la bénédiction au saint hermite. Il n'y a point d'étranger dans la tour, et cependant le lugubre tintement continue : Hubert se hasardera-t-il à y monter, seul, sans lumière ?

Dans son indécision, il ouvre la

porte de son hermitage donnant sur la cour, pour voir si la lune n'éclairerait pas les objets; point de lune, obscurité profonde. Il va fermer sa porte; quel effroi vient le saisir, en apercevant dans les airs ces mots écrits en lettres de feu :

DEMAIN EST L'ANNIVERSAIRE DU MEURTRE D'UN FRÈRE. MORT A L'ASSASSIN !

» Soudain un soupir long et douloureux s'exhale à ses côtés, sans qu'Hubert puisse deviner d'où il part.... Ces lettres enflammées, ce soupir, ce bruit de cloche; tout émeut l'infortuné Hubert qui.... »

La lecture d'Emilio fut interrompue par le jeune Laurent, qui tomba sur le plancher, sans connaissance. Son père, sa mère, ses amis, effrayés, le relevèrent, lui firent prendre des spiritueux. Laurent revint à lui, mais pâle, mais défait : il avoua que, s'étant livré à des mouvemens de colère, comme Hubert, l'exemple de ce dernier avait fait sur son cœur la plus profonde impression. Il supplia Emilio de lui épargner la suite d'un récit qui lui faisait mal, et il demanda à voir sur-le-champ le jeune George qu'il avait tant maltraité dans la journée; il voulait à toute force, disait-il, lui demander excuse, obtenir de lui son pardon.

Madame Desbois conduisit son fils au lit du petit malheureux, qui, né bon, assura qu'il avait déjà tout oublié.

Laurent ne se sentant pas bien, on soupa et l'on se sépara, au grand regret de M. et de madame Desbois, qui auraient bien désiré connaître jusqu'au bout l'histoire de l'hermite Hubert.

VINGT-QUATRIÈME VEILLÉE.

L'AFFABILITÉ.

Le lendemain matin le chevalier Edouard, qui avait à cœur de conduire son ami chez le vieux baron d'Espardillac, lui laissa à peine le temps de s'habiller, de déjeuner; il l'entraîna, pour ainsi dire, jusqu'à sa berline; et notre bon Emilio fit ses adieux à la famille Desbois, en lui promettant de venir la revoir bientôt: car il ne faisait pas un grand fonds sur le crédit du baron; et se sentait de la répugnance pour une place quelconque à la cour. Il partit néanmoins avec son ami. Comme ils n'avaient que douze lieues à faire pour arriver à Paris, et que leur voiture était traînée par d'excellens chevaux, leur voyage fut d'un peu plus que cinq heures; à une heure, ils étaient chez le baron, qui allait se mettre à table pour dîner: car il conservait chez lui toutes les habitudes du bon vieux temps; aussi faisait-il amplement ses quatre repas.

Tandis qu'Emilio sentait son cœur battre violemment, le baron se leva, courut à lui, en disant: Eh, c'est mon jeune conteur, c'est le cher Emilio! soyez le bien-venu, mon ami; pourquoi n'êtes-vous pas venu me voir plutôt? M'avez-vous cru assez faible pour croire aux calomnies d'une femme méprisable, que je ne vois plus depuis ce tour-là, que je ne veux revoir de ma vie?

Emilio se montra sensible à cette bonne réception du baron. Edouard

dit au vieillard le motif de la visite de son ami. Eh mais, s'écria le baron, vous ne pouviez pas venir dans un moment plus favorable ; la princesse de ***, qui a l'honneur d'être parente du roi, et qui a la bonté de m'accorder sa protection, vient de perdre un vieux lecteur qu'elle avait depuis long-temps ; je vous présenterai en cette qualité à cette respectable dame, qui, j'en suis sûr, vous acceptera sur ma recommandation. — Moi ! dit Emilio effrayé ; moi, auprès d'une princesse ! eh ! qu'y ferai-je ?—Vous y ferez, non pas votre cour, j'espère, elle serait d'ailleurs votre bisaïeule ; mais des lectures ; ce sera là tout votre emploi. Ne savez-vous pas lire ?......
Allons, je vois que vous allez encore m'alléguer des mais, des si, des car ; je veux vous placer, moi, et que vous soyez bien placé, monsieur.

Laissez donc faire ; obéissez seulement à l'amitié, qui a le droit de commander quand elle veut être utile.

Emilio eut beau opposer des objections, le baron le força à se mettre à table, ainsi qu'Édouard ; puis, après un dîner, qui fut un second déjeuner pour nos jeunes gens, Edouard confia son ami au baron et se retira. Le baron monta en voiture avec Emilio, et tous deux partirent pour Versailles, où le baron installa son jeune homme dans un appartement qu'il tenait, au château, des bontés du monarque, reconnaissant de ses anciens services : Ce sera, dit-il, ici votre habitation, car un lecteur n'est point logé chez la princesse ; il n'est pas regardé comme un domestique ; il se rend chez elle aux heures prescrites, voilà tout. Je veux vous faire habiller de neuf des pieds à la tête, et demain matin nous irons chez la bonne dame.

Grâce aux soins du généreux baron, Emilio se vit vêtu d'un habit vert galonné en or, culotte pareille, veste brodée, l'épée au côté et le chapeau bordé sous le bras ; il ne paraissait nullement gauche sous cet habillement ; et le baron, admirant sa grâce, son aisance, sa jolie figure, dit en secouant la tête : Hom ! jeune homme, redoutez les regards des belles dames de la cour.

Emilio sourit, promit qu'il saurait respecter ces dames, et l'on se rendit chez la princesse. Elle était fort âgée, mais sa figure respirait la bonté, la douceur, l'affabilité. Elle accueillit très-bien le vieux baron, et sur le bien qu'il lui dit d'Emilio, elle l'accepta pour son lecteur, quoiqu'elle le trouvât bien jeune. M. d'Espardillac répondit de ses mœurs, de son dévouement, de ses talens, et la princesse le prit aux appointemens de six mille francs. Monsieur, lui dit-elle en le reconduisant, vous voudrez bien revenir tantôt à cinq heures; je passerai une partie de la soirée à vous entendre.

Emilio s'inclina, promit de revenir et se retira, laissant le vieux baron seul avec la princesse.

Il alla se promener dans le beau parc de Versailles, et réfléchit. Me voilà donc à la cour, se dit-il; quel monde nouveau vais-je voir ici? des flatteurs, des flattés, des protecteurs, des protégés; partout la fausseté en place du vrai, du vrai qui *seul est aimable*. L'étude des hommes n'est pas difficile à faire ici; qui en voit un, les connaît tous : ils ne sont occupés que du désir d'avancer et de se nuire;

ils se font des protestations de zèle, d'amitié, et ils se détestent ; quand ils disent *oui*, c'est toujours *non* qu'il faut entendre ; en un mot, leurs actions sont tout le contraire de leurs pensées, et la cour est un véritable jeu de reversi, où il faut prendre les cartes d'une manière toute différente qu'aux autres jeux.

En réfléchissant ainsi, Emilio revint à son appartement, où il fut obligé de dîner seul, la princesse ayant fait au baron l'honneur de l'admettre à sa table.

A cinq heures notre jeune homme se rendit chez elle, et rencontra en chemin son protecteur, qui l'embrassa de joie de lui voir une si bonne place.

La princesse, seule avec lui, commença par le mettre bien à son aise, en lui faisant, avec bonté, des ques-

tions sur son nom, sur ses parens. On lui avait lu les *Soirées de la Chaumière* ; elle parut contente de s'être attaché le petit-fils du vertueux Palamène ; elle plaignit les malheurs de cette bonne famille, dont l'éducation lui avait fait tant de plaisir. Puisque vous descendez d'un homme aussi respectable que Palamène, dit-elle, vous devez avoir un bon cœur ? — Madame... — J'ai des raisons pour vous faire cette question. Votre modestie vous empêche d'y répondre ; la mienne n'hésitera donc pas à s'ouvrir à vous. L'homme que vous remplacez était un vieillard que je regretterai long-temps, moins pour ses lectures que pour l'utilité dont il m'était ; seul il était mon confident et méritait ma confiance. Vous me regardez d'un air étonné ! vous croyez peut-être qu'il est question d'intrigues secrètes ! A mon âge, ah! cela peut-il se présumer? J'ai pourtant des secrets, et je vais vous les confier. Il s'agit de succéder à mon bon vieux lecteur pour les actes de bienfaisance qu'il partageait avec moi. J'ai une liste d'infortunés que je soutiens secrètement : c'était lui qui leur remettait mes faibles cadeaux; vous vous chargerez désormais de ce soin. Dans le rang où je suis, il m'est impossible de m'en fier à des laquais; à des subalternes; ils garderaient la moitié de la somme destinée à l'indigence; il faut un agent probe, fidèle, et surtout discret; car je rougirais si l'on connaissait le peu de bien que je fais. Puis-je compter sur vous ?

Emilio, surpris, enchanté, s'écria: O vertu aussi respectable que peu commune, vous captivez toute mon admiration! — Ce n'est pas de l'admiration que je vous demande. Tenez, voilà les noms, les adresses de quatre de ces infortunés, mes pensionnaires ; vous leur partagerez demain ces vingt louis... et puis ne parlons plus de tout cela. Vous venez de me dire, je crois, que vous possédez un manuscrit des Veillées de votre père ; l'avez-vous là ? — Princesse, il ne me quitte jamais. — Voyons, lisez-m'en une prise au hasard ; je ne doute pas qu'elle ne vaille toute autre lecture.

La princesse fit asseoir son jeune lecteur auprès d'elle ; et tout en s'occupant d'une broderie, elle l'invita à commencer, ce qu'il fit en ces termes :

OU TROUVER LE BONHEUR ?

« Un roi de Perse qui avait été le père de ses sujets, vint à mourir, et fut, comme on s'en doute bien, regretté généralement. Son fils, jeune homme de vingt-six ans, monta sur le trône ; et croyant qu'il n'avait pas besoin de conseils pour se conduire mieux, ou au moins aussi bien que son père, il congédia tous les favoris de ce dernier. C'était l'élite des sages et des gens de bien, dont il s'éloignait ainsi; car le feu roi ne s'était entouré que d'hommes aussi bons, aussi vertueux que lui ; mais le jeune sophi ne les regardait que comme des pédagogues, des vieilles têtes, dont il appréciait les qualités, mais qui l'auraient ennuyé. Dans le nombre des proscrits se trouvait un respectable vieillard qui l'avait vu naître, et dont il redoutait l'inimitié plus par faiblesse ou timidité, que par un véritable attachement pour sa personne. Abhumed, c'était le nom de ce vieillard, apprenant que l'ordre était donné à tous les amis du feu roi de s'éloigner de la nouvelle cour, vint se jeter aux pieds du jeune fils de son ami : Seigneur, lui dit-il, permettez que cette tête qui a blanchi au service de votre père, s'abaisse devant vous pour vous demander la faveur de mourir au vôtre. Moi, m'éloigner d'un prince qui a ouvert les yeux pour la première fois dans mes bras ! que j'ai eu le bonheur d'élever pour la félicité de la Perse ! Oh, non, seigneur, vous n'aurez pas la barbarie de me repousser, ou bien je choisis désormais pour mon domicile les marches de votre palais ; j'y passe les nuits comme les jours, et j'y meurs sous vos yeux.

» Le sophi, un peu ému de cette résolution, dit à Abhumed qu'il lui ferait rendre réponse dans la jour-

-née ; mais il l'oublia non-seulement ce jour-là, mais quinze grands jours encore. Quel fut son étonnement quand ses gardes lui dirent qu'il y avait sur les marches de son palais un vieillard qui s'obstinait à y rester, quelque injonction qu'on lui fît de se retirer !

» Le sophi pensa que c'était Abhumed, et par respect pour la mémoire de son père, il sortit et alla vers lui. Abhumed, lui dit-il, tu ne veux donc pas obéir à mes gardes, qui t'ont vingt fois ordonné de te retirer d'ici? — Seigneur, j'y suis près de vous, j'y pense à vous, j'y veille sur vous ; mon bonheur est assez grand. — Mais je n'entends pas que tu t'exposes aux injures de l'air par ton excès d'attachement pour ma personne... Allons ; viens avec moi, et sois mon secrétaire, mon confident, mon ami, comme tu fus celui de mon père... Mais point de leçons, Abhumed ; je te défends le plus léger avis sur ma conduite. Silence, respect et soumission, voilà ce que j'exige de toi ; me le promets-tu ? — Je le jure. — A cette condition sacrée, reprends auprès de moi toute la faveur dont tu jouissais sous le dernier règne.

» Le sophi tend sa main au vieillard, qui la couvre des larmes de la reconnaissance, et il l'emmène dans l'intérieur du palais, où il lui assigne un appartement à côté du sien, afin de pouvoir jouir à toute heure de sa conversation. Le sophi était bon ; il craignait de se donner un maître ; mais avec la promesse qu'il avait exigée d'Abhumed, il se promettait d'avoir pour ce bon vieillard tous les égards que méritaient son âge, ses longs services et ses rares talens.

» Le sophi voyait tous les jours cet ancien ami de son père, et s'étonnait de ce que, bien loin de manquer à la parole qu'il lui avait donnée, Abhumed, non-seulement ne lui donnait aucun avis, mais le flattait avec une complaisance, une bassesse même dignes du plus vil de ses courtisans. Qu'est-ce que cela signifie? se dit le jeune prince : il est devenu tout-à-coup le plus bas de mes flatteurs. Tout ce que je fais, tout ce que je dis est à merveille. Je voudrais, je crois, brûler la ville d'Ispahan, qu'il trouverait charmant cet acte de barbarie. Il me méprise donc ; il me juge incapable de recevoir, de profiter d'un avis. Ah ! ce n'est pas ainsi qu'il en agissait avec mon père.

Il

Il le contrariait souvent d'une manière même qui me révoltait : je lui ai défendu de me contrarier de cette manière, mais je ne veux pas être flatté à cet excès.

» Une nuit que le sophi faisait encore ces réflexions, elles l'amenèrent à jeter un regard sur sa position, qui ne lui parut nullement heureuse. Au faîte des grandeurs, l'ennui venait l'assiéger sur son trône, dans son lit ; il ne voyait que des esclaves courbés devant un maître ; il n'avait pas un ami. Dans l'amertune de sa douleur, il s'écria : O Mahomet ! dis-moi donc où je pourrai trouver le bonheur !

» A l'instant, un vif éclat de lumière se répand dans sa chambre à coucher, et à la lueur passagè e d'un rayon lumineux, il voit s'avancer une femme d'une beauté angélique, et ornée des plus riches diamans. Le sophi, étonné, s'écrie, appelle cette femme, veut se lever.... Mais le prestige est détruit ; l'ombre, la clarté, tout a disparu, et l'obscurité la plus profonde règne sur tous les objets. Est-ce un rêve ? se dit-il ; est-ce une illusion ?

» Une voix forte, qui semble venir du ciel, fait entendre ces mots : Cette belle Circassienne doit te rendre heureux. — Fort bien, répond-il tout haut ; mais où est-elle ? où la trouver ?

» Le sophi, troublé, fait venir ses gens ; Abhumed lui-même accourt aux exclamations de son maître. Qu'avez-vous, seigneur ? demande le vieillard ; seriez-vous indisposé ? — Une femme s'est introduite dans mon palais ; elle a eu l'audace de pénétrer jusque dans ma chambre à coucher.

Qu'on la cherche, qu'on me l'amène.

» Les gardes se divisent en plusieurs groupes ; Abhumed est à leur tête : on cherche partout, on ne trouve point la Circassienne. Abhumed l'affirme au sophi, qui, connaissant son zèle et sa franchise, le croit aisément. Le sophi lui fait part alors de sa vision. Abhumed, très-surpris, pense que c'est un avis de Mahomet : avis qu'il faut suivre, seigneur, ajoute-t-il, n'en doutez point ; l'original de cette ombre si belle existe quelque part. Demain, déguisons-nous tous deux, et visitons tous les bazars de la capitale ; peut-être, parmi les esclaves qui y sont exposées en vente, trouverons-nous cette Circassienne dont le prophète vous a montré l'image.

» Le sophi adopte ce conseil ; il prend l'habit d'un simple particulier.

Abhumed suit son exemple, et dès que le soleil est levé, tous deux vont visiter les marchés de la ville. Ils avaient consumé trois heures en vaines recherches, lorsque, décidés à rentrer au palais, ils aperçurent près de la porte du Levant un petit marchand qui offrait trois femmes de la plus rare beauté. Quel est l'étonnement du sophi lorsqu'il reconnaît, dans celle du milieu, sa Circassienne, aussi brillante d'attraits que dans sa vision, mais dépouillée de ses riches vêtemens ! Marchand, dit le sophi, où cette femme a-t-elle passé la nuit ? — Chez moi, dans la chambre des femmes, avec les deux que vous voyez. — Cela n'est pas possible.

» Les deux autres femmes affirment que leur compagne ne les a pas quittées de la nuit. Le sophi reste convaincu que sa vision est l'ouvrage du prophète. Il marchande l'esclave, et l'obtient pour cinq cents sequins. La Circassienne, qui croit n'appartenir qu'à un homme d'un rang médiocre, témoigne sa surprise et sa joie quand, arrivant au palais, elle voit qu'elle est destinée au sophi lui-même. Dhéli, c'est ainsi qu'elle se nomme, jure au jeune prince amour, fidélité, constance, et en effet, au bout de quelques jours, le sophi paraît enchanté de sa nouvelle conquête.

»Cependant cette conquête si facile, si soumise, si obéissante, ne peut satisfaire long-temps les goûts volages du jeune prince : l'ennui vient l'assiéger de nouveau dans les bras de l'amour ; et une nuit qu'il pense à la fragilité des plaisirs mondains, il s'écrie : O Mahomet ! tu as cru m'offrir le bonheur, et je ne suis pas encore heureux ! Daigne m'indiquer, ainsi que tu l'as déjà fait une fois, une autre source de félicité.

» Le sophi regarde, écoute.... il ne voit rien, n'entend rien. Il pense que le prophète veut le punir de son ingratitude par le silence. Il lui demande mentalement pardon de sa témérité, et cherche à s'endormir.

» A peine a-t-il les yeux fermés, qu'il est réveillé par une musique aérienne et vraiment angélique ; il lui semble qu'il se forme dans sa chambre des danses légères que l'obscurité l'empêche de voir. Une brillante illumination vient éclairer la scène, et il remarque en effet une foule d'Amours qui dansent dans un nuage. Où suis-je ! s'écrie le jeune prince ; ô Mahomet ! que veut dire cette seconde illusion ?

» Le charme cesse à l'instant. Le sophi ne voit plus rien ; mais la voix, celle du prophète sans doute, prononce distinctement ces paroles : *Donne des fêtes tous les jours, et tu seras heureux.*

» Le sophi n'avait pas encore pensé à ce moyen de se désennuyer. Dès le lendemain, il fait part de cette nouvelle vision à Abhumed, qui lui conseille de suivre l'avis du prophète. En conséquence les plus habiles danseurs sont mandés ; les décorateurs, les peintres, les musiciens, tout ce qui peut contribuer à embellir des fêtes, se rend au palais, et les jours se succèdent en plaisirs de tout genre, dont la belle Dhéli fait les honneurs.

» Cependant le bonheur de cette femme excite la jalousie de ses rivales, qui se réunissent et prennent la résolution de la perdre. En conséquence, un scélérat gagné par elles s'approche, dans un bal masqué, de la personne du sophi, lui perce le bras d'un coup de stylet, lui glisse un papier dans la main, et se sauve avant qu'on ait pu l'arrêter. Le sophi n'est que très-légèrement blessé ; il s'occupe de lire ce que lui a laissé l'assassin. C'est un amant de Dhéli, et favorisé par elle, qui menace le sophi de lui arracher entièrement la vie, s'il ne rend sur-le-champ la liberté à sa maîtresse. Oui, s'écrie le jeune prince, elle l'aura sur-le-champ sa liberté, cette femme perfide ! Qu'on l'entraîne hors de cette enceinte, et qu'on lui coupe la tête !

» L'ordre est exécuté : la belle Dhéli, sans avoir le temps de se justifier, est arrachée de la salle de bal et décapitée.... »

Ici Emilio s'aperçoit que la princesse de*** frémit et change de couleur. Il lui dit : Cette action barbare vous fait mal, princesse ? J'aurais voulu l'épargner à votre sensibilité, la passer sous silence ; mais elle n'est que trop dans les mœurs orientales ; et j'espère que dans peu des tableaux plus doux vont vous faire oublier l'odieux de celui-ci. Je continue, si vous le permettez.

La princesse fait un signe de consentement, et notre Emilio reprend son manuscrit.

« Le sophi n'avait presque au bras qu'une égratignure qui fut bientôt guérie. Pour le coup, se dit-il une nuit, ce n'est pas dans la vengeance que je trouverai le bonheur, ni dans l'amour, ni dans les fêtes. Mahomet, tu m'as mal conseillé ; ne pourrais-tu m'indiquer un autre moyen de me rendre heureux ?....

» A l'instant il entend dans sa chambre un bruit d'armes, comme de gens qui se battraient à coups de damas, de coutelas. Le sophi, qui est courageux, se lève de son lit, cherche partout en avançant les mains, ne sent aucun objet étranger ; et cependant le bruit guerrier continue, redouble même, et semble partir d'en haut. Qui peut causer ce bruit étrange, demande le sophi, et que veut-il dire ? — Il t'avertit, répond la voix, toujours la même voix, il t'avertit de faire la guerre : la victoire et la gloire assureront à jamais ton bonheur. — Prophète, tu as raison, répond le sophi. Les peuples qui entourent mes états deviendraient plus puissans que moi, si je ne mettais un frein à leur ambition ; je vais troubler leur sécurité, et chercher le bonheur dans la célébrité que donnent à tout cœur élevé les vertus belliqueuses.

» Le sophi fait part de cette nouvelle vision à Abhumed, qui, suivant son usage, l'encourage de noûveau à suivre les avis du prophète. Bientôt la guerre est déclarée à dix peuples voisins. Le sophi, qui commande lui-même ses armées, a d'abord des succès ; puis il est vaincu ; puis enfin il est forcé à signer une paix honteuse, pour ne pas perdre sa couronne et son empire.

» Le prophète m'a trompé, dit-il avec amertume à son ami Abhumed ; jusqu'à présent il m'a rendu aussi malheureux que coupable; car j'ai découvert que l'infortunée Dhéli était innocente. Je l'ai vengée : deux de ses ennemies les plus acharnées l'ont suivie au tombeau. Voilà que j'ai fait la guerre à des peuples qui ne m'avaient point offensé ; ils m'ont battu, humilié; je deviens la fable et le mépris de la postérité. Oh, mon ami, par mes irrésolutions, mon instabilité, j'ai perdu la protection du saint prophète. — A votre place, seigneur, répond le sage Abhumed, j'implorerais de sa bonté une quatrième vision ; nous verrions ce qu'il vous conseillerait. Il me semble avoir épuisé tous les moyens de rendre heureux un grand prince. — Je le ferai, je le ferai, dès ce soir.

» Lorsque le sophi fut seul dans son appartement, il se mit au lit, et se permit d'interpeller ainsi le prophète : O Mahomet ! que t'ai-je fait pour m'être attiré tes disgraces ? Tu m'as conseillé l'amour ; j'ai aimé, et j'ai connu la jalousie, la cruauté; je me suis rendu coupable du meurtre de l'innocence dans le sein de ces plaisirs dont tu m'ordonnais la prétendue jouissance !.... J'ai cru, d'après toi encore, que la gloire m'attendait dans les champs de bataille ; je n'y ai trouvé que la honte et la douleur d'avoir porté le flambeau de la guerre chez des peuples pacifiques et heureux. Pour la dernière fois, ô Mahomet, daigne me l'indiquer, où donc trouver le bonheur.

» Des gémissemens, des sanglots partent de tous les coins de la chambre : Ici, une mère gémit sur le sort de ses enfans prêts à mourir d'inanition. Là, un vieillard souffrant appelle les bénédictions du ciel sur une fille dans l'indigence, et qui lui prodigue tous ses soins. Plus loin, un oppresseur furieux menace une innocente victime de la vengeance du sophi. Enfin, au milieu de ces cris de rage ou de désespoir, un mage semble lire dans une mosquée la liste de tous les subsides, de tous les impôts onéreux qui pèsent sur la partie pauvre du peuple ; c'est un bruit à ne pas s'entendre, et dans lequel on distingue particulièrement les soupirs des malheureux. Quelques éclairs rapides qui traversent la pièce, laissent voir des infortunés couchés sur de la paille, et poussant vers le ciel de longs gémissemens.

» Le sophi en est attendri, épouvanté; il reste quelque temps interdit dans son lit; puis l'obscurité ayant repris son empire, il se lève, marche doucement, et ne sent rien sur le plancher, quoiqu'il y ait vu des malheureux, et qu'il entende encore leurs cris douloureux : Allons, se dit-il, en se remettant dans son lit, c'est une vision comme les autres ; mais que me veut le prophète ? est-ce en m'offrant de pareils tableaux qu'il pense me rendre heureux ? le malheur des autres peut-il ?...

» Il est interrompu par la voix qui

lui dit : Cherche à l'adoucir, rends les autres heureux, et tu le seras toi-même. — O Mahomet ! quel trait de lumière !

» A l'instant les gémissemens cessent ; le silence et la profonde nuit règnent partout. Le sophi attend le jour, en formant mille projets qu'il communique ensuite au sage Abhumed, après lui avoir détaillé sa dernière vision. Quoi ! s'écrie le vieillard, Mahomet veut que vous diminuiez les impôts, que vous soulagiez vous-même l'indigence ! en vérité, voilà de belles occupations qu'il donne à un souverain tel que vous ! — Abhumed, j'ai remarqué que vous caressiez trop mes faiblesses, et cette flatterie dont vous venez d'user envers moi, me blesse au dernier point. Vous oubliez que vous m'avez promis de vous abstenir de tous avis. — Seigneur, j'ai tenu cette promesse, je vous le prouverai un jour. Pour le moment, je m'estimerais si heureux de pouvoir vous aider à répandre les bienfaits dont vous allez accabler votre peuple, que je vous supplie de me permettre de vous accompagner dans les visites que je vous vois dans l'intention de faire aux malheureux qui souffrent de l'abus qu'on fait de votre pouvoir. — A la bonne heure, cher Abhumed, je te reconnais, et je veux faire de toi mon confident le plus intime. Ce peuple ne m'a vu qu'entouré de l'éclat du diadême ; je veux, sous l'habit du pauvre, visiter le pauvre, et laisser partout des marques de ma bienfaisance.

» Ce projet, le sophi l'exécuta à la lettre : il fit d'Abhumed son premier ministre ; il rappela les anciens amis de son père, ne mit en place que des gens d'une moralité éprouvée, diminua les subsides, vit par lui-même les besoins de son peuple, l'accabla de biens, en fut chéri comme un bon père, et vit enfin que le bonheur ne se trouve que dans la pratique de toutes les vertus.

» Un jour, qu'il peignait au sage Abhumed toute sa félicité, qu'il devait, disait-il, au dernier conseil du saint prophète, Abhumed lui dit en souriant : Me pardonnerez-vous, seigneur, si je vous avoue aujourd'hui que ce saint prophète n'était autre que moi ? — Que toi ? — Vous m'aviez défendu les conseils, je ne pouvais me permettre de vous en donner; je vous louais au contraire avec exagération, mais j'avais mon projet. Vous ignorez que votre chambre à coucher est composée de boiseries mécaniques qui s'ouvrent, rentrent, se défont à volonté. Un mage, aumônier de votre père, la fit construire ainsi, pour éprouver un jeune néophite qu'il voulait initier à des saints mystères : ainsi, à l'aide d'un faux plancher ou d'un faux plafond, je faisais monter ou descendre des personnages à qui j'avais distribué leurs rôles ; des moyens physiques que j'ai appris d'un vieux mage très-instruit, faisaient les éclairs, les nuages, etc. Comme dans la journée, vous aviez la bonté de me communiquer vos plus secrètes pensées, j'étais prêt, chaque nuit, à faire jouer mes machines, et mes acteurs étaient toujours à leur poste. C'est ainsi que pour vous placer successivement dans toutes les situations qui peuvent rendre un souverain heureux, je vous ai fait connaître l'amour, les fêtes, la guerre, et enfin l'art de régner, qui est le seul principe de toutes les félicités d'un roi. Je puis vous donner au grand jour une répétition de tout ce que vous avez vu et entendu la nuit.

» Abhumed frappa du pied, et le sophi fut bien étonné de voir qu'au moyen de gens apostés par le vieillard, son plancher s'ouvrait, son plafond descendait, toutes ses boiseries changeaient à vue ; ce qui lui donna la clef de ses prétendues visions. Il n'en sut que plus de gré à son premier ministre, qui lui avait ouvert la voie de la sagesse, la seule qui conduise au bonheur. »

Emilio termina son récit, en ajoutant ces mots : Vous n'êtes plus, princesse, aussi courroucée contre mon jeune homme, à qui il a bien fallu pardonner quelques fautes ? Il pratiqua, depuis, toutes les vertus dont vous êtes le modèle ; c'est vous dire assez qu'objet de la vénération publique, vous trouvez en elle et dans votre bienfaisance la seule félicité qui convienne aux belles ames.

VINGT-CINQUIÈME VEILLÉE.

LA PRÉVENTION.

La princesse parut satisfaite de l'histoire qu'Emilio venait de lui raconter, et qu'il avait terminée par des éloges que, dans le fond de son cœur la bonne dame n'était pas fâchée d'entendre. Elle lui permit de se retirer, en lui recommandant de revenir le lendemain à quatre heures, et de lui rendre compte de la commission dont elle l'avait chargé.

Rentré dans son appartement au château de Versailles, Emilio y trouva le baron d'Espardillac qui l'attendait, et qui lui demanda s'il était content de la réception de la princesse. Emilio lui détailla l'entrevue qu'il venait d'avoir avec elle, en lui cachant cependant les actes de charité, dont la princesse voulait faire un mystère. Le baron, enchanté, embrassa son protégé en versant des larmes de joie. Ce vieillard, qui était doué d'un excellent cœur, avait pour notre jeune homme une affection vraiment paternelle, et dont celui-ci était bien vivement pénétré de reconnaissance.

Le lendemain, de bon matin, le baron d'Espardillac monta en voiture pour retourner à Paris, et laissa son logement à la disposition de son jeune ami, qu'il embrassa de nouveau, en lui souhaitant tout le bonheur dont il le jugeait digne.

Emilio sortit à son tour pour aller porter les vingt louis de la princesse à ses quatre pensionnaires, ainsi qu'elle les nommait.

Le premier était un ancien militaire dont le gouvernement n'avait jamais voulu récompenser les longs services, malgré la protection que lui avait accordée la princesse. Cet homme, logé dans un grenier, humilié par la plus profonde misère, ne parut nullement intéressant à notre Emilio : il était plein d'orgueil, de jactance ; il s'exhalait en reproches contre les ministres, et paraissait même en vouloir à la princesse de ce qu'elle n'avait pas fait davantage pour lui. Il reçut ses cinq louis, le quart de la somme à distribuer, en disant : Parbleu ! me voilà bien heureux ! Croit-elle que l'argent me dédommage de l'honneur ! c'est l'honneur, monsieur, que je regrette. Si l'on m'eût avancé comme je le méritais, je serais à présent maréchal de camp: elle le sait bien, mais elle est d'un caractère si faible! —

Emilio se dit tout bas: C'est un ingrat.

Il le quitta, sans écouter le long récit de ses exploits guerriers, qu'il allait lui faire, et courut dans la seconde maison indiquée. Il trouva là une mère de famille entourée de ses nombreux enfans, tous sur le grabat. Cette femme reçut avec reconnaissance l'aumône de la princesse; mais voyant Emilio très-bien mis, et le jugeant un seigneur de la cour, elle feignit d'avoir de grands besoins auxquels cette faible somme ne pourrait parer; elle chercha à l'apitoyer pour tirer de lui quelque argent. Emilio pensa que c'était une pauvresse de profession; et il en fut convaincu quand, une heure après qu'il fut sorti de chez elle, il rencontra deux de ses petites filles qui demandaient aux passans, dans la rue.

Le troisième galetas dans lequel il monta, lui offrit une pauvre femme en couche, son mari malade à ses côtés, et un petit garçon souffrant aussi, couchés sur de la paille. Il y avait là une voisine obligeante, qui faisait la bonne servante, et qui pleura de joie en voyant Emilio donner à ce pauvre ménage cinq louis de la part de la princesse. La femme en couche et son mari remercièrent Emilio, qui se hâta de détourner ses yeux de ce triste tableau. La voisine, qui le reconduisit, changea de ton sur le palier de l'escalier. Ah, mon dieu, mon bon monsieur, dit-elle en soupirant, il y a des gens qui méritent bien peu ce qu'on fait pour eux! Ceux-ci, que vous venez d'obliger, sont des paresseux, des ivrognes; le mari, compagnon charpentier, ne travaille pas quatre jours de la semaine, et se grise du matin au soir ; la femme ne fait œuvre de ses dix doigts. A Dieu ne plaise que je sois jalouse de ce que vous faites pour eux ! mais si je vous montrais la tisane qu'ils boivent pendant leur maladie, vous seriez bien étonné. Attendez, attendez.

Elle rentra dans la chambre, et reparut ensuite avec une bouteille d'eau-de-vie privée de son bouchon. Voilà, dit-elle, ce que le père et la mère se passent à tout moment, et ils en donnent encore une gorgée à leur pauvre enfant, qui a les fièvres. J'espère, monsieur, que vous ne direz pas que je suis une mauvaise langue. J'ai l'honneur de vous saluer.

La voisine rentra chez les malades, et notre Emilio fut fâché de ce que la princesse répandait si mal ses bienfaits. J'ai encore, se dit-il, un quatrième pensionnaire à visiter; voyons s'il est plus recommandable que les autres.

En entrant dans une salle basse, humide et froide, il vit un vieillard plus qu'octogénaire, qu'une jeune et jolie fille pansait d'une blessure à la jambe. Pardon, monsieur, dit le vieillard, si je ne me lève pas, j'ai la jambe…. Une chute que j'ai faite… A mon âge ! Nancy, donne donc cette mauvaise chaise ; monsieur excusera si je n'en ai pas d'autre à lui offrir.

Dès qu'Emilio lui eut dit qu'il venait de la part de la princesse pour lui remettre cent vingt livres, des larmes de joie et de reconnaissance coulèrent sur les traits vénérables du vieillard. Qu'elle est bonne ! s'écria-t-il ; sans elle et sans ma fille je n'existerais plus. — C'est là votre fille, bon vieillard ? — Ma petite-fille, celle d'une fille chérie que j'ai perdue il y a dix ans. Hélas ! tant qu'elle a vécu elle a travaillé de ses mains pour prolonger mes jours. C'était un ange. Elle et son mari sont morts d'un accident affreux, dans une inondation.... Ils habitaient un village.... Un jour, les eaux couvrirent tout.... Pardon si mes larmes... Cette enfant fut sauvée par miracle. La digne princesse qui vous envoie apprit nos malheurs ; elle vint à notre secours, elle ne nous abandonna pas depuis, et ma chère Nancy, que vous voyez, pratique auprès de moi toutes les vertus de sa mère. — Vous vous exprimez, monsieur, d'une manière qui prouve de l'éducation ; vous fûtes peut-être ruiné par des malheurs ?— Le récit en est court et peu nouveau. Second fils d'un gentilhomme fort riche, je suis né dans un pays où les aînés avaient tout, et les cadets une très-faible légitime. Mon père eut contre moi, dès ma naissance, les plus fortes préventions ; il me haïssait, me privait de ses dons, tandis qu'il accablait mon frère de caresses et de présens. A la mort de ce père, injuste sans doute, mais dont je respecterai toujours la mémoire, mon frère, bien coupable, me dépouilla de tout. Je pris du service, mais je n'avançai point. Je fis un mariage d'inclination, et tentai un petit commerce, qui ne me réussit pas davantage. Je soignai ma femme malade pendant trois ans ; je la perdis et devins moi-même infirme, hors d'état d'exercer aucune espèce de travail. Ma fille avait épousé un laboureur qui m'avait pris chez lui; mais je vous.

ait dit l'accident qui me priva de mes enfans, de leurs secours...Enfin, monsieur, dès l'instant où j'ai vu le jour, j'ai été constamment la victime de la prévention paternelle et de la fatalité.

Infortuné ! s'écria Emilio, que la franchise du vieillard et sa figure vénérable attendrissaient jusqu'aux larmes... est-il possible qu'un père chérisse un de ses enfans aux dépens des autres !.. mais on n'en a journellement que trop d'exemples. Cela me rappelle une historiette que je veux vous dire, car je me plais à rester avec vous.

Emilio s'assit sur la mauvaise chaise que lui avait avancée la jeune et vertueuse Nancy. Cette aimable fille ranima quelques braises du foyer, et le bon vieillard prêta toute son attention à notre jeune homme, qui commença son récit en ces termes :

NINETTE,

ou *la petite Marchande de cœurs.*

« Le marquis d'Ambreville, descendant d'une des plus anciennes et des plus riches familles de la Provence, avait épousé, à l'âge de vingt ans, une demoiselle de Lescour, qui le rendit père dès la première année. Le jeune marquis aurait bien désiré avoir un fils pour soutenir l'honneur de son nom; sa femme lui donna une fille. Il en fut si chagrin, qu'il ne voulut point voir cette enfant, qui d'ailleurs annonçait toutes les grâces, toute la beauté de sa mère. On la mit donc en nourrice au loin, et deux ans après sa naissance, madame d'Ambreville mourut d'une fluxion de poitrine. Voilà le marquis resté veuf à vingt-trois ans, doué de toutes les qualités physiques, et perdant le souvenir de sa femme dans le tourbillon de nouvelles conquêtes. A peine son deuil fut-il fini, qu'il songea à se remarier. Ce fut à la campagne, chez une de ses parentes, à dix lieues d'Aix, qu'il vit mademoiselle de Durval, orpheline de vingt-trois ans, et qui était sous la domination d'une vieille tante. Mademoiselle de Durval, qui était fausse, méchante et coquette, ne vit pas sans beaucoup d'orgueil tomber à ses pieds le plus beau jeune homme de la province; et quand elle n'aurait eu que le désir de voir crever de dépit ses nombreuses rivales, elle eût tout fait pour enchaîner le marquis à son char. Elle le fit d'abord soupirer quelques mois, puis elle eut enfin la bonté de consentir à l'épouser.

» A peine ces nouveaux liens furent-ils formés, que le marquis se ressouvint qu'il avait une fille de son premier hymen. Il en parla à sa femme, qui montra d'abord de l'humeur de ce qu'on lui avait caché cette particularité, secret qui n'était autre chose qu'un oubli de la part du marquis. On fit venir la petite Lisa ; et comme elle était très-jolie, sa belle-mère la prit soudain en grippe pour la vie. Quand le marquis la caressait, elle la pinçait sournoisement pour la faire pleurer ; puis elle persuadait à cet homme faible que l'enfant repoussait les caresses de son père. Elle prétendait à tous momens que les grands yeux bleus de Lisa ne disaient rien du tout, qu'elle avait la figure bête ; enfin elle le détachait tous les jours de cette enfant, qui eût fait les délices de sa mère si elle eût existé. Pour accroître l'indifférence du marquis envers sa fille, la marquise devint enceinte, et donna le jour à un fils. Un fils ! un héritier du nom de d'Ambreville ! Il n'en fallut pas davantage pour tourner la tête du marquis. Sa femme voulut nourrir, raison de plus pour l'adorer. Dès lors, la petite Lisa fut reléguée parmi les domestiques, et l'on ne s'occupa plus du tout d'elle.

Cependant sa présence dans la maison paternelle importunait la marquise, qui craignait que, par la suite, son époux ne partageât sa tendresse entre elle et son fils. Elle résolut de perdre Lisa, et, pour en devenir la maîtresse, elle objecta au marquis que cette petite fille avait quatre ans et demi, qu'il fallait songer à son éducation ; que, quant à elle, entièrement livrée à son fils, il lui était impossible de s'occuper d'autres soins.

Je serais d'avis, ajouta-t-elle, que nous l'envoyassions à ma tante. Désœuvrée et âgée, ce serait un plaisir pour cette dame d'élever Lisa. N'étant d'ailleurs qu'à dix lieues d'Aix, on pourra la voir quand on voudra.

» Elle accumula si bien prétextes sur prétextes, que le faible marquis, prévenu d'ailleurs contre sa fille, la laissa l'absolue maîtresse d'en disposer.

» La marquise avait une femme de chambre aussi méchante qu'elle, et qui lui était dévouée; elle lui promit une forte somme d'or, si elle pouvait perdre la petite fille dans un lieu d'où elle ne pût jamais revenir. Dorothée, c'était le nom de l'odieuse femme de chambre, promit tout, et résolut de se faire aider d'un amant qu'elle avait, en qui elle avait mis la plus aveugle confiance.

» En conséquence, le jour où l'on fut censé conduire la petite Lisa chez la tante de la marquise, on l'enleva sans la présenter à son père, qui ne demanda pas même à l'embrasser. Dorothée et son amant, Marcel la mirent dans un cabriolet, conduit par ce dernier, et l'emmenèrent à quinze lieues, à l'entrée d'une forêt où ils la laissèrent au point du jour.

» Par l'ordre de la marquise, on avait attaché sur ses vêtemens, très-simples, un petit papier sur lequel étaient ces mots :

« *Cette petite fille s'appelle Ninette : qu'elle se garde à jamais de chercher son père, qui l'a rejetée comme étant le fruit de l'adultère d'une femme coupable.* »

» Ceci était pour empêcher l'enfant de réclamer la tendresse de son père, en cas qu'elle le retrouvât dans la société.

» Pendant que Dorothée remontait dans le cabriolet, Marcel glissa furtivement une petite boîte dans la main de l'enfant, et lui dit avec l'air le plus menaçant : *Ne montre jamais cette boîte à qui que ce soit, ou tu es morte.... Elle est pour toi seule.*

» Cela fait, il monta près de sa compagne, et tous deux disparurent.

» A quatre ans et demi, la petite Lisa, que nous n'appellerons plus que Ninette, avait un esprit, une finesse et une pénétration au-dessus de son âge. Habituée à ne connaître, pour ainsi dire, dans la maison de son père, que Dorothée et Marcel, elle avait voyagé sans inquiétude avec eux; mais dès qu'elle se vit seule, elle s'effraya, sans pouvoir se rendre compte de ce qui lui arrivait, ni du malheur qui l'attendait. Frappée des dernières paroles de Marcel, elle pensa à cacher la boîte fatale, *qui la ferait tuer si on la voyait :* en conséquence, elle l'attacha à son petit jupon de dessous, en y faisant des nœuds ; puis, regardant le jour qui se levait, les objets qui l'entouraient, elle se mit à pleurer abondamment, en appelant : *Dolothée ! Dolothée !* car elle ne pouvait pas dire *Dorothée....* Hélas ! en vain elle appelait *Dolothée*, la pauvre enfant ! *Dolothée* l'avait abandonnée.

» Une vieille femme, qui entrait dans la forêt pour ramasser du bois, s'arrêta, la regarda avec intérêt, leva les yeux au ciel et continua sa route. Au bout de deux heures, quand cette vieille femme repassa, elle fut très-étonnée de retrouver cette jolie enfant à la même place. Ninette ne l'avait pas quittée et pleurait toujours. La vieille s'approcha et lui demanda ce qu'elle avait. — Oh, madame, n'avez-vous pas vu Dolothée ? — Qui est cette Dolothée, mon enfant ? — C'est ma bonne, madame ; elle m'a laissée là avec ce vilain *Macel* (pour Marcel). — Dolothée, Macel, je ne connais point ces gens-là. Mais quel est donc ce papier qui est attaché avec une épingle à ta petite robe, derrière ton dos ?

» La vieille prend le papier et continue : Quel dommage que je ne sache pas lire ! j'aurais su pourquoi on a laissé là cette enfant : car il y a du mystère là-dessous. Il faut que je la mène chez M. le curé. Viens avec moi, ma petite ; veux-tu venir avec moi ? — Vous savez donc où est Dolothée ? — Nous la chercherons, nous la reverrons : M. le curé priera le bon

Dieu pour que nous la retrouvions.

» L'enfant donne sa petite main à la bonne vieille, qui lui fait, en route, mille questions auxquelles la faiblesse de son âge et l'insouciance avec laquelle on l'a toujours traitée, ne lui permettent pas de répondre. Par exemple, elle ne sait pas le nom de son père, celui de la ville qu'elle habitait ; elle ne peut que prononcer les mots de M. *le maquis*, de madame *la maquise*, de *Lisa*, et toujours de *Dolothée*.

» La bonne paysanne, qui est du village prochain, la conduit chez M. le curé. Dès que M. le curé a lu le billet : *Cette petite fille s'appelle Ninette*, etc., il s'écrie : C'est un enfant du crime, rejeté par son père, qui l'aura fait abandonner.—Il l'a abandonnée, dit la vieille ! eh bien, moi, je vais l'élever. Je n'ai plus d'enfans ; mon fils est établi et demeure bien loin de moi. Je suis seule dans ma chaumière ; ça sera ma petite compagne. — C'est une bonne œuvre que vous ferez là, mère Verdier ! Dieu vous bénira et vous récompensera des soins que vous donnerez à l'orphelin repoussé par son père. Je vous aiderai de mes faibles moyens, et je doublerai les aumônes que vous donne la confrérie de la sainte Vierge de pitié... Mais que le papier trouvé sur cette enfant soit un mystère pour tout le monde. Gardez-le, ce papier, en cas qu'un jour vous ou l'enfant en ayez besoin. Adieu, mère Verdier ; vous m'amènerez souvent votre jolie Ninette, et j'aurai soin d'elle ainsi que de vous.

» La mère Verdier emmena l'enfant dans sa petite masure, bornée à un rez-de-chaussée composé de trois pièces et un jardin. En promenant

Ninette dans ce jardin, la mère vit un arbuste que le vent avait presque déraciné; pendant qu'elle était baissée pour le relever, l'enfant eut la présence d'esprit d'ôter sa petite boîte des nœuds de son jupon, et de la cacher derrière un tas de pierres qui étaient à côté d'elle près d'un mur. Si l'on admire la prévoyance de la pauvre Ninette, on sera bien plus surpris des autres preuves d'intelligence qu'elle donnera par la suite.

» On conçoit que pendant plusieurs jours elle eut beaucoup de chagrin; mais les bontés, les caresses de la mère Verdier, et cette faiblesse de caractère affectée à l'extrême enfance, tout contribua à la consoler; elle s'attacha à sa bienfaitrice comme à une véritable mère. La bonne Verdier était pauvre sans doute; mais, aidée par le curé, qui lui tint sa parole, elle put procurer à sa fille adoptive les premiers besoins de la vie.

» Sautons par-dessus quelques années, pendant lesquelles le curé lui a appris à lire, et voyons ce que devient notre chère Ninette à l'âge de neuf ans. Elle est d'abord jolie, très-jolie ; elle s'exprime vite comme sa pensée : car elle est très-vive, et elle ne regrette plus du tout le lieu où se passèrent ses premiers ans, non plus que la perfide *Dolothée*. Elle aide la mère Verdier dans tous les travaux de son petit ménage, et celle-ci en raffole plus que jamais.

» Ninette a toujours trouvé le moyen de dérober aux regards de la mère Verdier la petite boîte que lui a donnée Marcel, en la cachant tantôt d'un côté, tantôt d'un autre. Elle a déjà cent fois regardé ce qu'il y a dedans cette boîte, *qui serait cause de* sa mort si elle la montrait. Elle n'y a trouvé qu'un chiffon de papier qu'elle a néanmoins conservé. Aussi, comme elle s'est dépêchée de profiter des leçons du bon curé pour pouvoir lire ce papier ! elle en a le talent maintenant, quel bonheur ! Ninette profite d'un moment d'absence de sa bienfaitrice, et lit enfin ces mots :

« *Vous êtes la fille du premier hymen du marquis d'Ambreville avec mademoiselle Delescour, tous deux résidant à Aix. Ne publiez jamais ce secret, qui perdrait celui qui vous le donne.* Eh oui, se dit Ninette, du marquis d'Ambreville ! c'est ainsi qu'on nommait mon père, dans mon enfance. Je suis sa fille, et ma mère Verdier m'a trouvée abandonnée sur une grande route ! Je me souviens très-bien que j'y fus laissée par ma bonne Dorothée, et par un homme dont je ne me rappelle plus le nom. Que m'importe, au surplus ! je ne voudrais pas quitter mon excellente mère Verdier, quand je devrais être la fille d'un prince. Mais continuons à cacher ce papier, qui pourrait m'être nuisible, qui le serait du moins à l'homme généreux qui me l'a confié.

» On voit que c'est Marcel qui, par un remords de conscience, a donné cet avis à l'enfant à l'insu de la méchante Dorothée. Ninette chérissait sa mère adoptive, et cependant l'idée qu'elle était la fille d'un marquis troublait souvent sa petite cervelle. La mère Verdier ne lui avait jamais rien appris sur les circonstances qui avaient dû accompagner son adoption. Ninette était curieuse de savoir si elle avait quelques renseignemens sur sa naissance. Un jour, sans pourtant lui révéler son secret, elle lui dit qu'elle avait rêvé qu'elle était la fille d'un marquis. Cela se pourrait, mon enfant, lui répondit la vieille en soupirant ; il y a même tout lieu de le croire : mais tu ne dois pas t'en targuer, ma pauvre petite ; car cela me rappelle que j'ai trouvé sur toi un papier que je ne t'ai jamais communiqué, parce que tu étais trop enfant, et que tu ne savais pas lire, ni moi non plus. Le voilà, tiens ; vois avec quelle rigueur le sort t'a traitée ; ton père, c'est ton père lui-même qui t'a abandonnée.

» Ce nouveau papier ne détruisait pas l'assertion de l'autre ; mais il ôtait toute espérance à Ninette. Elle ne douta point qu'elle ne fût fille de M. le marquis d'Ambreville ; mais elle pensa que, née d'un crime (sans savoir de quel crime), elle devait renoncer au bonheur d'embrasser un père qui l'avait rejetée. Elle se promit, si par hasard un jour elle rencontrait son père, de ne jamais lui parler, ni se faire reconnaître de lui. C'était le but de sa méchante belle-mère, quand elle inventa cette calomnie sur la mère de Ninette, qui avait été la plus vertueuse des femmes.

» Quoique très-jeune, la pauvre Ninette se fit une vertu conforme à l'état dans lequel l'avait placée sa fatale étoile ; et n'en fut que plus attachée à la mère Verdier.

» Il arriva un changement dans la position de cette bonne femme. D'abord le curé mourut, et celui qui lui succéda ne lui parut ni aussi bon, ni aussi charitable que le défunt. En second lieu, son fils, qui depuis six ans était marié, établi pâtissier-traiteur dans un petit village, aux portes d'Aix, lui manda que si elle voulait venir vivre près de lui, il pourrait avoir soin de ses vieux jours. Ayant perdu son appui, n'ayant plus rien qui l'attachât à son ancienne retraite, la mère Verdier vendit sa masure, en reçut le prix, fit un petit paquet de ses nipes ; puis, prenant sa Ninette par la main, elle s'achemina avec elle vers le village où son fils l'appelait.

» Elles mirent deux jours et demi à faire les quinze lieues qu'il y avait de chemin. Le troisième jour de leur départ, à trois heures après midi, elles arrivèrent chez Jacques Verdier, qui reçut sa mère à bras ouverts, et lui demanda, en riant, si elle lui avait donné une si jolie sœur. La mère Verdier lui raconta l'histoire de son adoption de Ninette, et pria son fils de ne pas l'en séparer. Jacques Verdier avait le cœur de sa mère, et quoiqu'il eût une femme et quatre enfans, il promit de prendre soin aussi de la jeune Ninette: mais, ajouta-t-il, je veux qu'elle travaille, qu'elle me soit utile. — Oh, dites, monsieur, interrompit Ninette avec sa vivacité ordinaire, que puis-je faire ? tout, tout, tout ! pour reconnaître le pain que vous aurez la bonté de me donner! — Elle est charmante !..... Elle me suggère un projet que je vous soumettrai, ma mère, mais quand vous vous serez reposée. Dans quelques jours nous parlerons de cela. — Pourquoi pas tout de suite ? dit Ninette. J'ai dix ans, je suis grande, forte pour mon âge, et pleine de bonne volonté. Faut-il faire des petits pâtés, des brioches, oh, je vous vaudrai un garçon. — Diantre, quelle petite langue ! Elle est décidée celle-là !

» Jacques Verdier donna deux petits

coups de sa main sur la jolie joue de Ninette, et sa mère lui prodigua mille caresses, pour le zèle et le dévouement qu'elle venait de montrer. Huit jours se passèrent; Ninette s'ennuyait beaucoup de ce que Jacques Verdier ne lui faisait rien faire, lorsqu'un soir, en soupant, ce brave homme lui tint ce discours : Ah ça, Ninette, plus je te vois, mon enfant, et plus je m'attache à toi..... Tu me permets de te tutoyer, moi qui serais ton père et qui te regarde comme ma sœur, d'après le juste attachement que ma mère t'a voué? J'ai pensé à toi, et voici ce en quoi tu pourras m'être utile. Nous sommes au milieu du printemps; la saison est superbe et va devenir plus belle encore. Les promenades sont fréquentées, les bals champêtres commencent dans tous les villages. J'ai imaginé une sorte de petit four, qui n'est autre que des macarons en forme de cœur, avec une devise dedans. Je t'en mettrai tous les jours une certaine quantité dans un joli panier, et tu iras les vendre sur les places, en criant : *Voilà la petite marchande de cœurs !* Tu es jolie, toutes les dames, tous les messieurs voudront de ta marchandise, et tu me rapporteras, le soir, l'argent, sur lequel tu penses bien que je te donnerai de beaux casaquins, de beaux tabliers. Hein ! qu'en penses-tu ?

» Ninette se mit à sauter de joie, et répondit qu'on ne pouvait pas la rendre plus heureuse qu'en la faisant contribuer au bien-être de ses bienfaiteurs. Ces bonnes gens étaient trop simples pour penser au danger que pourraient, dans un pareil état, courir les mœurs de la jeune personne. Ils furent enchantés de sa résolution ; et dès le lendemain….. »

Emilio s'interrompit ici en disant : Eh mais, n'est-ce pas trois heures qui sonnent à l'église Saint-Louis ? A quatre, il faut que je sois chez la princesse, et je n'ai pas dîné ! Sans adieu, brave homme ; et vous, salut, belle Nancy : demain je reviendrai vous voir. Adieu, respectable vieillard ; mais, à propos, votre nom ? — Humbert. — A demain, digne Humbert, à demain.

VINGT-SIXIÈME VEILLÉE.

LA FRANCHISE.

Emilio se rendit, à l'heure prescrite, chez la princesse, qui le reçut avec la même bonté que la veille. Eh bien, lui dit-elle, avez-vous visité ces infortunés ? Ils sont bien à plaindre ceux-là ; ce sont les plus estimables gens que je connaisse. Sans doute, ils n'ont pu entendre prononcer mon nom sans être pénétrés de reconnaissance, sans lui avoir donné mille bénédictions ? Que vous ont-ils dit ? contez-moi cela ; on aime à recueillir les remercîmens des heureux qu'on a faits.

Emilio, qui respectait la princesse, fut fâché de ce qu'elle venait de dire ; il craignit que l'ostentation entrât pour beaucoup dans les vertus bienfaisantes qu'elle pratiquait. Il la regarda d'un air étonné, et voyant que ses yeux brillaient d'une joie dont il ne pouvait démêler le motif, il lui répondit : Sans doute, princesse, je suis le plus grand admirateur de la charité qui vous porte à secourir l'indigence ; mais je prendrai la liberté de représenter à madame que peut-être elle pourrait donner une plus juste direction à sa bienfaisance. Il y a des indigens qui ne méritent pas qu'on ait pour eux la moindre pitié, et de ce nombre j'en ai trouvé trois, sur les quatre que madame m'a ordonné de visiter.

Trois, dites-vous ! interrompit la princesse, je ne le crois pas ; car tous m'ont été également recommandés : on m'a assuré qu'ils étaient tous aussi honnêtes qu'infortunés. — Pardon, princesse ; mais cet ancien militaire qui se plaint de tout le monde, qui ne vante que ses exploits, qui ose même se montrer mécontent des bienfaits que madame répand sur sa vieillesse ! — Est-il possible ? — Cela est très-vrai. Et cette mère de sept enfans qui les envoie demander l'aumône dans la rue, au moment même où elle vient de recevoir une somme assez forte pour les faire tous exister long-temps ! Cet homme malade enfin, et cette femme en couche qui se brûlent l'estomac avec des liqueurs fortes, au lieu de prendre les boissons qu'exige leur état ! Sont-ce là des gens à secourir ! J'en ai été indigné ! — Indigné, monsieur ! le terme est fort.

Emilio, entraîné par la haine qu'il

portait aux gens méprisables, ne s'aperçoit pas que la princesse a dit ces mots avec humeur. Il poursuit : Oui, madame, on ne peut pas plus indigné ! Je n'ai trouvé qu'un seul homme qui méritât l'attention de madame : c'est ce pauvre Humbert, infirme depuis long-temps, ce qui l'a privé de se livrer au travail. — C'est celui dont je fais le moins de cas. On m'a rapporté qu'il était tout en sentences, en gémissemens ; c'est un vieux pleureur, qui radote avec cela. — Je vous proteste qu'il est d'un très-bon sens. Sa fille Nancy est si jolie, si estimable !

La princesse sourit d'un air dédaigneux, et répond : Ah, je vois, c'est parce que sa fille Nancy est jolie, que monsieur s'intéresse au père ! La véritable charité, celle que prescrit la religion, ne regarde point si les filles sont laides ou jolies ; elle secourt indifféremment tous les infortunés. — Indifféremment ! quoi ! sans faire un choix ? Cela me rappelle une anecdote qui pourra prouver à madame que ce secours banal est souvent aussi ridicule que mal placé.

Emilio, sans attendre la permission de la princesse, tire son manuscrit, et lit :

LE CORRÉGIDOR.

« Dans une petite ville d'Espagne vivait un corrégidor, homme plein de vertu, de morale et de piété. Il était célibataire, et dépensait tous ses revenus à des actes de charité. Dès son enfance, il s'était promis de faire sa principale occupation de secourir ses semblables ; et ce devoir, il se l'était prescrit dans une circonstance malheureuse pour lui. A l'âge de dix ans, son père, qui était veuf, lui avait donné une belle-mère, qui était parvenue à le faire chasser de la maison paternelle. Le pauvre petit malheureux, n'ayant ni connaissances, ni talens (car on avait négligé son éducation), s'était vu forcé de mendier son pain. On n'aime point à donner à des petits garçons forts et bien portans; on les envoie toujours travailler; c'est le mot à chacun : *Va travailler, petit drôle !*.... Ce pauvre enfant était souvent rebuté, et se disait avec amertume : Si je deviens jamais riche, je ne repousserai aucun infortuné, petit comme grand.

» Sa belle-mère mourut. Son père lui rendit sa tendresse, et il hérita de ses grands biens. Il se ressouvint alors du serment qu'il avait fait, et il le tint à la lettre. Ses talens, acquis depuis par l'étude, sa probité, sa bonne réputation, lui méritèrent une place de corrégidor, et il se fit chérir de ses administrés.

» Tous les jours, les boiteux, les estropiés, les pauvres de tout genre et de tout sexe, se présentaient à sa porte; il distribuait lui-même à chacun ses aumônes, et il était comblé de leurs bénédictions.

» Un jour, des amis l'invitèrent à dîner dans une maison de campagne, à quatre lieues de la ville. Il remit toutes ses affaires au lendemain, et partit de bon matin pour jouir du plaisir de la promenade, à pied; car il aimait marcher. Arrivé chez ses amis (c'était deux frères qui avaient mis leurs biens en commun, et qui avaient des places à la cour), il ne les trouva point. On lui apprit qu'un ordre du roi, qui voulait leur demander des conseils, les avait forcés de partir, la veille, pour Madrid, où ils devaient rester toute la semaine.

» Contrarié d'avoir fait une course inutile, le corrégidor se décida à revenir chez lui ; mais, à moitié chemin, l'heure du dîner lui fit sentir son besoin impérieux, et il entra dans une auberge, où il se fit servir des mets simples, mais délicats. Pendant qu'il dînait, il entendit des éclats de rire d'une foule de convives qui paraissaient être en grand nombre dans la pièce voisine. Il dit au garçon qui le servait : Il paraît, mon ami, que votre auberge va bien ; vous avez beaucoup de monde ! Est-ce une noce qui est ici à deux pas ? J'entends rire, chanter !..... — Une noce, monsieur ! Ah bien oui, une noce ! c'est une troupe de gueux qui se divertissent: ils viennent comme cela une fois ou deux par semaine manger les aumônes que leur font des imbécilles. Ils sont si repoussans, que mon maître est souvent tenté de les envoyer ailleurs ; mais ils font de la dépense et payent bien. Dans notre état on est obligé de recevoir tout le monde. — Comment, mon ami, vous dites que c'est une troupe de gueux qui ?.... — Allez, monsieur, il n'y a rien de risible comme de les voir. C'est M. le corrégidor de la ville voisine, que je n'ai pas l'honneur de connaître, qui alimente, dit-on, tous ces vauriens-là. Vous les voyez, dans les rues, estropiés, blessés ! Bah ! ici, c'est toute autre chose : l'un dépose sa béquille ; l'autre l'emplâtre de son œil ; celui-là ôte les linges qui enveloppaient sa jambe; celui-ci se débarrasse du panier dans lequel il s'était blotti afin de passer pour un cul-de-jatte. Enfin, il n'y a pas jusqu'à l'homme couché dans une planche, qu'il pousse avec ses deux mains, qui ne se redresse sur ses pieds ; et tous ces gens-là sont aussi tortus aussi malades que je le suis, vous voyez ! — Que me dites-vous là, mon ami ? Quoi ! ces malheureux.... — Font bombance ensemble, et ne mangent pas les morceaux les moins fins de notre cuisine, comme ils ne boivent pas non plus les plus mauvais vins de notre cave. — Avec mon argent ! les misérables ! — Avec votre ?.... — C'est moi qui suis, mon ami, le corrégidor dont vous parliez tout à l'heure. — Oh, que je suis fâché !.... — Vous ne m'avez fait nulle peine. Je vous remercie, au contraire, de dessiller mes yeux sur le compte de ces mauvais sujets. Je voudrais bien les voir, sans

qu'ils pussent me reconnaître. —
C'est facile : derrière cette porte vitrée, il y a un petit rideau que je vais soulever de leur côté. Vous les examinerez tout à votre aise, et vous verrez que vos estropiés sont les gens les mieux portans du monde.

» Le garçon traiteur souleva en effet le rideau, et le corrégidor vit ses pensionnaires buvant, mangeant, riant, et se portant tous à merveilles. Une juste indignation succède à sa pitié ; il entre dans la salle où se réjouissent ces drôles. Pendant qu'ils sont surpris, consternés, le corrégidor ordonne à l'aubergiste et à ses garçons de s'emparer sur-le-champ des béquilles, de toutes les livrées de la mendicité qui sont déposées dans cette pièce, et de brûler tout cela dans la cour ; puis, prenant un grand fouet de poste, il vous les claque, il vous leur en donne jusqu'à ce qu'ils se soient tous sauvés dans la rue ; ce qu'ils font avec une agilité qui prouve qu'ils ont bien l'usage de leurs jambes.

» Cette justice faite, le corrégidor rentra chez lui, où il se promit bien de mettre désormais des bornes à sa bienfaisance. Il ne renonça point à secourir les infortunés ; car il y en a, et de trop véritables : mais il fit un choix ; il visita lui-même les asiles de l'indigence, sans s'en rapporter à aucun confident ; et en plaçant mieux ses aumônes, il eut la douce satisfaction de faire un grand nombre d'heureux dignes de ses bienfaits.

» Cette courte historiette offre, madame, une règle de conduite à tout être charitable : c'est qu'il faut voir par ses yeux avant d'obliger, surtout quand on ne veut pas s'en rapporter au jugement de ceux à qui on avait accordé sa confiance. »

La princesse, après ce récit, se contenta de dire froidement à Emilio : Je vous remercie, monsieur, pour aujourd'hui ; j'en ai assez entendu ; je ne veux pas vous fatiguer à lire plus long-temps.

Elle se leva, salua le jeune homme, et passa dans son salon, où des dames et des seigneurs de la cour l'attendaient.

Emilio craignit de l'avoir fâchée. Il se retira, et le lendemain matin il retourna chez le bon vieillard Humbert, ainsi qu'il le lui avait promis. Vous voilà, estimable jeune homme ? dit Humbert ; ma Nancy désespérait que nous eussions l'honneur de vous revoir. Elle est si curieuse d'apprendre la suite de votre conte, *la petite Marchande de cœurs ;* qu'elle ne me parle que de cela depuis hier. Auriez-vous le temps de nous le dire ? — Volontiers, bon Humbert ; mais, avant tout, permettez-moi de déposer ces deux louis sur votre cheminée. — Oh, de madame la princesse encore ! Quelle excellente et respectable dame ! — Non, non, ceci ne vient point d'elle, mais d'une autre personne qui désire... vous rester inconnue. — Je la devine !.... Nancy, tu devines aussi que c'est monsieur lui-même ?.... — Ne parlons plus de cela. Il est doux d'obliger des infortunés aussi estimables que vous l'êtes. Terminons mon conte, puisque vous paraissez le désirer.

Fin de Ninette, ou la petite Marchande de cœurs.

« Dès le lendemain, Ninette, parée avec ce qu'elle avait de plus propre, un petit panier plein de cœurs sucrés sous le bras, sortit du village, et s'en alla sur une des promenades d'Aix crier sa marchandise : *Qu'est-ce qui veut des cœurs ?* disait-elle; *v'là la petite marchande de cœurs.* Elle était jolie, si je puis le dire, comme un cœur; aussi débita-t-elle bientôt tout ce qu'elle avait apporté.

» Le métier parut bon à Jacques Verdier et à sa mère, qui envoyèrent tous les jours Ninette vendre ses macarons de divers côtés, dans les endroits où l'on devait donner des fêtes.

» Un matin qu'il y avait une messe en musique dans une église, Ninette, se plaçant à la porte, présentait ses cœurs à toutes les belles dames qui en sortaient. Il tombait une petite pluie qui avait forcé l'enfant à s'abriter sous le porche. Un domestique à livrée crie dans la rue : la voiture de M. le marquis d'Ambreville !

» A ce nom de marquis d'Ambreville, la pauvre Ninette, qui se rappelle que c'est le nom de son père, pâlit, est prête à perdre connaissance. Elle voit entrer dans la voiture un seigneur très-bien fait, mais pâle et qui paraît fort triste. Ninette recouvre ses forces pour sauter à la portière, et offrir ses cœurs au marquis. Mon enfant, lui dit-il d'un air chagrin, garde tes cœurs. Si tu pouvais me donner celui, le seul que j'ambitionne, ma fortune serait à toi.

» La voiture vole ; et Ninette, qui ne comprend rien à ce que vient de lui dire le marquis, ne pense qu'à la beauté de ses traits, à la douceur de son langage. Il souffre, se dit-elle, il est malheureux ; ah ! regretterait-il ma pauvre mère, qui fut, dit-on, coupable envers lui d'un crime que j'ignore, et dont il m'a bien punie ?

» La pauvre petite s'éloigne de la foule, en versant des larmes, en pensant qu'elle n'aura jamais le bonheur d'être pressée sur le cœur paternel.

» Elle rentre et cache la rencontre qu'elle a faite à la mère Verdier et à son fils; elle pense qu'ils lui débiteraient une morale, consolante sans doute, mais bien faible auprès des affections du cœur. Quoiqu'elle n'ait pas vendu toute sa marchandise ce jour-là, ces bonnes gens ne lui en font pas un plus froid accueil; ils espèrent, lui disent-ils, que demain elle fera de meilleures affaires : c'est la fête d'un village renommé dans tout le pays, et qui est situé à cinq quarts de lieue, au-delà de la montagne.

» On lui fait sa petite provision ce jour-là, et elle part de très-grand matin. Ninette a bientôt onze ans : elle est très-raisonnable pour son âge; mais elle est encore enfant : elle ne suit pas son chemin tout droit ; quand elle voit une belle campagne, un verger, un joli bosquet, elle s'y arrête et s'y repose un moment. Sur le sommet de la montagne qu'elle traverse, est un bouquet de bois, qui semble annoncer l'entrée d'une épaisse forêt ; une source jaillit là d'un bassin naturel, et forme un clair ruisseau, qui descend en serpentant jusqu'au bas de l'immense vallée qu'on voit au pied de la montagne. Sur les bords du bassin, un homme bien mis est couché sur l'herbe, et semble dormir ou méditer. Il tourne un peu la tête du côté de Ninette, et croit la voir; mais celle-ci l'a examiné et reconnu soudain... C'est le marquis d'Ambreville, c'est son père. Il est vêtu comme pour aller à la chasse, et il paraît livré à de tristes réflexions. Ninette n'ose pas l'interrompre pour lui offrir sa marchandise, dont elle présume d'ailleurs qu'il ne voudra pas. Elle ne peut s'arracher de cet endroit, ni détourner ses regards de l'image chérie qu'elle a devant les yeux.

» Que fera-t-elle? Il lui vient dans l'idée de se baisser par terre, et d'y cueillir des fleurettes, pour se donner le temps et le plaisir de bien voir l'auteur de ses jours. Le marquis est trop occupé pour la remarquer: il se lève sur son séant, tire son portefeuille, et semble écrire au crayon, avec beaucoup d'attention; ce sont des couplets qu'il compose: car bientôt, sans examiner s'il est seul dans cette campagne ordinairement déserte, il lit sur un papier tiré du porte-feuille remis près de lui, sur l'herbe, la chanson suivante, qu'il chante ensuite d'un ton plaintif et douloureux :

L'INCONNU DE LA MONTAGNE.

Seul je reviens, le soir, sur la montagne ;
J'y cherche en vain une douce compagne.
Espoir trop cher, hélas ! et trop flatteur !
O toi qui fais le tourment de ma vie,
Ton cœur est bon ; mais cruelle Sylvie,
Qui n'aime pas a-t-il besoin d'un cœur !

Cent fois le jour je te peins ma souffrance ;
Tu me réponds avec indifférence,
Et ne veux pas former un doux lien.
Ton ame est loin de partager ma flamme :
Dis-moi, Sylvie, à quoi sert donc une ame
Pour qui ne voit, n'entend et ne sent rien !

On te l'a dit : chacun à la tendresse
Doit à son tour céder avec ivresse ;

J'ai

J'ai commencé, l'amour est mon vainqueur.
Quant à ce Dieu, vaine est la résistance,
Seule, Sylvie a bravé sa puissance !
N'a-t-il des traits que pour blesser mon cœur!

Vous m'entendez, échos de la montagne !
Redites-les au loin dans la campagne,
Ces longs soupirs qu'exhale ma douleur.
L'Amour est tout ; par lui chacun soupire ;
C'est le bonheur de tout ce qui respire :
Faut-il que, seul, j'y trouve le malheur!

» En chantant ce dernier couplet, des larmes coulent de ses yeux; il presse de ses deux mains son cœur qui paraît oppressé ; puis regardant le ciel avec émotion, il se lève et remarque enfin la tremblante Ninette, qui lui fait une petite révérence en lui découvrant son panier. Ah! c'est toi, petite, dit-il tristement, mais avec bonté ; tu es bien jolie, ta marchandise est bien tentante ; mais laisse-moi, de grâce, laisse-moi.

Tiens, voilà dix-huit francs pour t'avoir un tablier.

» Le marquis s'éloigne, en répétant ses gestes d'affliction; et Ninette, au comble de la joie, se dit : Un tablier ! j'aurai avec cela un déshabillé tout entier, et je le porterai tous les jours ; ce sera le premier, le seul cadeau que j'aurai reçu de mon père.

» Quand elle eut tout-à-fait perdu de vue le marquis qui descendait la montagne ; un instinct machinal la dirigea vers l'endroit où il s'était assis ; elle s'étendit sur la même place, et resta bien étonnée de voir que le marquis y avait oublié son portefeuille. Elle crut devoir réprimer d'abord un mouvement de curiosité ; mais bientôt elle fut assez indiscrète pour lire ce que contenaient ces tablettes. C'était partout des éloges, des protestations d'amour pour une jeune et belle comtesse de Florbel, que le marquis paraissait adorer; plusieurs notes portaient à croire que la comtesse lui refusait sa main, et cet amour sans espoir plongeait souvent le marquis dans un chagrin qu'il exhalait, soit par des plaintes, soit par des romances. Dans une note, il disait : *Je suis veuf de deux femmes qui ne m'ont jamais aimé autant que je vous adore, ingrate ! j'ai trente-deux ans ; un troisième hymen ferait mon bonheur. Je mets ma personne, ma fortune à vos pieds, et vous me refusez, femme inhumaine ! Vous voulez donc ma mort ?*

» Sa mort ! s'écrie Ninette, la mort de mon père ! oh, la méchante femme !.... Je reporterai ces tablettes à mon père ; le lieu qu'il habite y est indiqué. Mais avant, comme j'ai là aussi l'adresse de la comtesse de

Florbel, j'irai, je lui reprocherai sa cruauté, je la rendrai responsable des jours de mon père. Oh! il faudra bien qu'elle l'épouse, je l'en prierai tant!

» Soudain elle court comme une petite folle ; et sans penser qu'elle doit aller vendre ses cœurs à la foire, elle rentre dans Aix, vole à l'adresse de la comtesse, et demande d'un ton décidé à lui parler, ayant, ajoute-t-elle, les choses les plus importantes à lui communiquer. On l'introduit auprès d'une dame jeune, jolie, et qui a l'air et le ton des plus gracieux. Quelle espèce d'affaire, dit-elle en souriant, peux-tu avoir à traiter avec moi, ma petite? — Madame......
madame....

» Ninette s'intimide; elle ouvre son panier, et offre des cœurs à la comtesse, qui lui dit : Quoi! c'est pour me présenter ta marchandise que tu me déranges, que tu prends un prétexte, que tu forces pour ainsi dire mes domestiques ! cela n'est pas bien. Allons, retire-toi..... Tu es pourtant bien jolie !

» La charmante petite mine de Ninette ressortait par un fin mouchoir mis en marmotte, et noué avec goût sous son menton. Ninette se mit à pleurer et répondit : Madame, je m'en vas ; mais c'est bien mal à vous de faire mourir de chagrin M. le marquis d'Ambreville ! — Comment ! que dis-tu là ? — Il en mourra, madame ; c'est bien vrai qu'il en mourra.... et moi aussi ! — Et toi aussi ? que viens-tu me débiter là, petite ? — Il vous aime, madame, oh ! il vous aime que je suis sûre qu'il n'en dort pas. — Je tombe de mon haut ! est-ce lui qui t'envoie ? il a choisi là une messagère tout-à-fait nouvelle. — Oh, non, madame, il ne m'envoie pas; il ne sait pas même que je suis venue. Il ne me connaît pas du tout. —Mais explique-toi donc, mon enfant; tu me fais des reproches ! au nom de qui ? quel intérêt prends-tu au marquis ? — Madame, il est mon père. — Ton père ! et il ne te connaît pas ? — Non, madame. Ma mère fit, dit-on, une faute qui fâcha mon père, au point qu'il me fit abandonner sur une grande route.—Est-il possible !... Ta mère fit une faute; mais cela n'est pas croyable. Sa première femme fut un ange de vertus. Il apprit depuis que sa seconde t'avait fait perdre en effet; et cette méchante femme, qui mourut il y a deux ans, en convint avant d'expirer. Tu es donc cette chère Lisa que le marquis a tant pleurée ? Mon enfant, conte-moi tes malheurs ; car je m'intéresse autant à toi qu'à ton père.

» Ninette, encouragée par cet accueil touchant de la comtesse, lui raconta tout ce que sa mémoire put lui rappeler ; et quand elle eût fini son récit, la comtesse la serra dans ses bras, en lui disant : Pauvre petite amie ! tu seras heureuse, bien heureuse ; je te rendrai à ton père. — Oh, madame, non ! il m'a chassée. — Cela est faux ; c'est une perfidie de ta belle-mère ; il te pleure, te dis-je, il te regrette tous les jours.... Ecoute.... demain matin.... Aujourd'hui le marquis est à sa campagne, près de la fontaine où tu l'as rencontré ; demain matin donc, va lui reporter son porte-feuille, remets-lui ce papier....

» Elle écrit un billet qu'elle cachète et donne à l'enfant : Remets-lui ce papier, et reviens sur-le-champ me trouver. Surtout ne réponds rien aux questions qu'il pourra te faire. Promets-tu de m'obéir? ton bonheur en dépend. — Et celui de mon père?.... madame, ah, ne le laissez pas mourir de chagrin ! — Non, non, non, bonne petite; tu doubles l'intérêt qu'il m'inspirait, et nous serons tous contens.

» L'aimable comtesse embrassa de nouveau la charmante Ninette, qui rentra le soir chez Jacques Verdier, et eut encore la discrétion de lui cacher, ainsi qu'à sa mère, ce qui venait de lui arriver. Elle n'avait pas été à la foire; mais elle avait eu ailleurs un heureux débit de ses cœurs.

» Le lendemain matin, elle courut chez le marquis. Il était sorti, et ne devait pas tarder à rentrer. Elle laissa à ses gens le billet de la comtesse, et se hâta de se rendre chez cette dernière, ainsi qu'elle le lui avait prescrit. As-tu vu ton père? lui demanda la comtesse. — Non, madame. — Tant mieux. Je regrettais de t'y avoir envoyée. J'aime mieux que la reconnaissance se fasse ici. Cache-toi dans ce cabinet, où tu entendras tout, et n'en sors pas que je ne t'appelle.

» L'enfant entra dans le cabinet, et, une heure après, on vit arriver le marquis d'Ambreville, qui, transporté de joie, se précipita aux pieds de la comtesse, en s'écriant : Quel billet, Mélanie! quel consolant billet! Ah, permettez que je le relise devant vous pour la centième fois depuis que je l'ai reçu : *Un ange de paix vient de détruire toutes mes irrésolutions. Venez à l'instant chez moi, marquis; vous y trouverez une épouse et une mère pour vos enfans.*

Une épouse ! ô ma chère Mélanie !... Il n'y a que ces mots que je n'ai pas compris, *et une mère pour vos enfans*. Mes enfans ! Vous savez que je n'en ai plus qu'un, un fils que m'a laissé ma seconde femme, cette méchante belle-mère qui m'a privé de ma Lisa. — Marquis, permettez d'abord que je vous remette votre porte-feuille. — Qui l'a trouvé ? — Je vous l'apprendrai bientôt ; mais daignez me prêter toute votre attention. Vous savez que, restée veuve d'un époux volage, infidèle, les maux qu'il m'a fait souffrir m'avaient pour jamais éloignée de contracter de nouveaux nœuds. Vous devîntes mon amant, quand je ne voulais voir en vous qu'un ami, un véritable ami de cœur. J'opposai tout le sang froid de la raison au délire de votre passion. Vous me traitâtes d'ingrate, d'inhumainé ; je résistai. Je le ferais encore, tant je redoute l'hymen !.... Mais je vous estime assez pour croire que vous ne ressemblerez pas au comte, mon premier époux ; et j'ai la certitude qu'en vous rendant un bien après lequel vous soupirez depuis long-temps, ce sera pour nous deux le gage du bonheur et de l'union la plus parfaite. — Que dites-vous, comtesse ? quel bien.... — Vous allez le connaître. Donnez-moi votre main. Vous voyez en moi votre épouse, et vous retrouvez en même temps votre chère Lisa ! Venez, Ninette, venez vous jeter dans les bras de votre père !

» Ninette accourut, et le marquis, transporté, s'écria : Lisa ! Ninette ! qu'est-ce donc que cela veut dire ?

» On lui raconta les aventures de la petite. Le marquis en pleura d'attendrissement. Il remercia la comtesse, embrassa mille fois sa fille, et quelques jours après, son mariage se célébra avec solennité.

» Il est inutile de dire que l'on récompensa généreusement la mère Verdier et son fils, qui furent plus ravis qu'étonnés du changement de fortune de la petite marchande de cœurs.

» La comtesse, devenue marquise d'Ambreville, eut tous les soins de la plus tendre mère pour Lisa, dont l'éducation fut perfectionnée, et qui, mariée à son tour, devint un modèle de toutes les vertus privées, comme elle avait été celui de la tendresse filiale. »

Nancy et son père admirèrent la divine Providence, qui protège toujours l'innocence abandonnée ; puis notre Emilio quitta ces honnêtes gens, en leur promettant de les visiter de temps en temps.

La princesse ne lui avait pas donné d'ordre pour ce jour; mais il crut devoir se présenter chez elle à son heure ordinaire. Quel fut son étonnement quand l'intendant de madame lui remit vingt-cinq louis, en lui disant que la princesse n'avait pas plus besoin d'un lecteur que d'un mentor de son âge..... C'étaient ses propres expressions; elle avait ordonné qu'on les lui répétât. Notre jeune conteur, un peu humilié, se retira, se promettant bien de quitter Versailles dès le lendemain, de fuir la cour, les grands, dont l'amour-propre était si irritable, et d'aller chercher le repos pendant quelque temps auprès de son bon ami Desbois et de son excellente famille. Je suis persuadé, se dit-il, que ce qui vient de m'arriver les surprendra plus que les merveilles *de la tour Saint-Jacques*, dont je dois leur raconter la fin.

Fin du troisième Volume.

De l'Imprimerie de J.-B. IMBERT, rue de la Vieille-Monnaie, n°. 12.

TABLE DES MATIÈRES

contenues dans ce Volume.

XIXe. Veillée. *L'Indiscrétion*, Pag. 5

Fin de Nelson, ou *les Epreuves indiscrètes*, 13

XXe. Veillée. *La Commisération*, 41

La double Leçon, ou *l'Orgueil confondu*, 48

XXIe. Veillée. *La Jactance*, 69

Julio, ou *le Gondolier vénitien*, 81

XXIIe. Veillée. *La Jalousie*, 102

Fin de Julio, ou *le Gondolier vénitien*, 111

XXIIIe. Veillée. *La Colère*, 133

La Tour Saint-Jacques, ou *les Illusions*, 140

XXIVe. Veillée. *L'Affabilité*, 166

Où trouver le bonheur, 175

XXVe. Veillée. *La Prévention*, 201

Ninette, ou *la petite Marchande de cœurs*, 211

XXVIe. Veillée. *La Franchise*, 233

Le Corrégidor, 237

Fin de Ninette, ou *la petite Marchande de cœurs*, 246

Fin de la Table du troisième Volume.

www.ingramcontent.com/pod-product-compliance
Lightning Source LLC
Chambersburg PA
CBHW050335170426
43200CB00009BA/1607